イギリス近代史点景

一つの書評集

桑原莞爾 著

九州大学出版会

序

私事に亘るが、筆者が大学院学生として西洋近代史、とりわけイギリス近代史研究に取り組むようになったのは、戦後の日本経済が高度成長を始めた直後の昭和三十七年である。すでに二十四歳となっていたから、晩学の部類に属するであろう。これに先立つ昭和三十一年、経済企画庁の『経済白書――日本経済の成長と近代化』は「もはや戦後ではない」と語り、事実、瀬戸内海には巨大な水島臨海工業地帯が姿を現わしつつあった。しかし、昭和三十年代前半期は、重化学工業化の「設備投資」期にあたり、戦後復興(＝戦前水準への復帰)という実感は乏しかった。それどころか、当時この国の第一次産業就業率はなお四〇パーセントを超え、農業社会の面影が残されていた。また、政治的観点からみると、占領期、そして対日講和に発する対立と混乱が続き、反基地闘争をベースとする政治的動揺は昭和三十五年の新安保(日米相互協力および安全保障条約)調印と国会批准に至り頂点に達したといえるであろう。筆者にとって印象深いのは、安保阻止国民運動の未曾有の高揚というより、むしろ国民的広がりをもつはずの運動が、実にあっけなく瓦解・消滅していったことである。続いて第一次池田内閣が打ち出した「国民所得倍増計画」と高度成長政策とともに、日本経済は本当に成長軌道を驀進し始めた。昭和三十年代中葉は、まさに戦後日本から経済大国への分岐点をなすであろう。「日本は何処へ行くのか」、筆者が研究室に立ち戻ったのは、この疑問を解くためであった。

昭和三十年代半ば、わが国の西洋史ないし西洋経済史学界では、大塚史学(現在では「戦後歴史学」と呼ばれている)が絶大な影響力を誇示していた。同学派の総力を結集し、「封建制から資本主義への移行」過程の研究を集大成した『西洋経済史講座』(全五巻、岩波書店)が刊行され始めたのが昭和三十五年である。詳論を省くが、とりあえず筆者が志したのは、近代資本主義社会の成立過程や「移行の画期」としてのブルジョワ革命の比較史ではない。暗中模索の筆者に方向を与えたのは、同年、吉岡昭彦氏が『歴史評論』誌に執筆された学界動向である。「日本における西洋史研究について——安保闘争のなかで研究者の課題を考える」(第一二一号)において、氏は、(一)大塚史学が課題とした移行期の研究、換言すれば「日本社会の近代化」の問題は実践的意義を喪失しつつあること、(二)安保が歴史家に要請する新たな課題とは、近代社会=資本主義社会それ自体の構造と動態把握であり、また世界資本主義の形成・展開過程の解明であること、以上の二点を提示された。この堀米=吉岡論争における吉岡提言は、歴史学方法論として議論の余地を残すとはいえ、当時の西洋史学徒に少なからざる影響を及ぼしたと思われる。イギリス近代史に関していえば、産業革命期を起点とする十九世紀資本主義史の研究は、この提言によって漸く本格化したのである。なお吉岡氏はこの論稿において、研究の組織化の必要を強調されているが、実際にもイギリス資本主義の確立過程に関する共同研究を実行された。幸いにも筆者はこれに参加させて頂き、主として十九世紀前半のイギリス製鉄業（第Ⅰ部門）を担当することになった。その成果が吉岡昭彦編著『イギリス資本主義の確立』（御茶の水書房、昭和四十二年）である。

その後、共同研究におけるイギリス資本主義の構造分析は第一次大戦まで射程を延ばし、また「資本主義の世界体制」の形成・展開過程についても一定の成果を提示しえたと思われる。しかし、今日に至る一世代の間に、イギリス近代史のイメージは想像を超える転変を遂げることになる。確かに、大塚史学＝比較経済史学において、イギリス近代史には（但し、十八世紀を終点とする）特別の地位と役割が与えられた。一言にすれば、「近代化の基準」としてのイギリス近代史像がそれである。こうした見方に対し、当初はイギリス資本主義成立史の枠内で、続いてイギリス近代化過程の全般に亘り「再検討」論が登場する。その最初のピークは昭和四十六年の史学会・西洋史部会シンポジウム「近代イギリス史の再検討」であろう。これから二十年を経た平成四年、日本西洋史学会シンポジウムを記録した『過ぎ去ろうとしない近代――ヨーロッパ再考』（山川出版社、平成五年）をみると、戦後歴史学への「反発・呪咀」があらわに表明されている。最後に、ミレニアムの年の日本西洋史学会・近代史部会（イギリス近代史部会かと推測される）の報告テーマを一瞥すると、「構造と段階」の歴史学は痕跡すら留めていない。多分、「鄭重な葬儀」は終わったのであろう。

本書は、主として十九世紀イギリス経済史を対象とする研究分野で、筆者が折りにふれて書いた「一つの書評集」である。確かにイギリス近代史は、必ずしも実体にそぐわない過大な位置を与えられてきたが、それは大塚史学の独自の発想によるばかりではない。少なくとも第一次大戦まで、イギリスは世界最強の大国であり、その国際的影響力の大きさによって「対決するか和解するか」はともかく、「イギリスを知らなければならなかった」のである（河合秀和『現代イギリス政治史研究』岩波書店、昭和四十九年）。対比していえば、とりわけ第一次大戦後のイギリス帝国解体を境に、この国の地位は一路低下し、現在では統合欧州のやや特異な一地域国家と考えてよかろう。問題は盛期イギリスの国際的影響力の内容である。それは基底的には工業生産力によるであろうが、イギリスが世界に張り巡らせた商業・金融・海運ネットワーク、そして植民地帝国の存在を看過できない。十九世紀イギリス経済史は、多面体的に捉えられなければならず、一行の「再生産表式」に還元することは困難ではあるまいか。本書は、こうした視点から筆者が書いた数編の書評を編み、第一次大戦に先立つ時期のイギリス資本主義像を浮き彫りしようと試みたものである。

ここで急いで付け加えておかなければならない。取り上げた書評は、すべて掲載学会誌の編集委員会等の依頼によるものであるが、書評には自ずから二つの種類があるであろう。一つは、特定の理論体系や方法的視点に立って、舌鋒鋭く核心の論点に迫り、評者の立場を対置する性格のものである（例えば、大内力『経済学批判』日本評論社、昭和四十二年、入江節次郎『帝国主義の解明』新評論、昭和五十四年などを想起されたい）。しかし、問題の本質を抉り出し、しかも的確にして生産的な書評を行なうことは容易ではない。歴史家を自称する筆者は、もともとこのような書評をものする理論的力量を欠いているのである。いま一つは、対象とする著作の理解に意を用い、ひたすら愚直な紹介に徹する性格のものである。従って「学問の進展」に寄与する点は少ない。その代わり、時々の問題関心の在り方やその推移、歴史書に不可欠の実証の内容や程度などを一定度照射することはできる。筆者の立場がこれである。この意味で本書は、十九世紀イギリス経済史に関する一世代に亘る研究史の自分なりの素描である。

最後に、是非ともお断りしておきたい点がある。書評は筆者が執筆したには違いないが、それは同学の方々の学術的著作の刊行を前提とする。この点で「書評集」は特殊な性格を帯びざるをえず、半ば以上を他者に負っているのである。いわば、共著者ともいうべき方々に御礼申し上げたい。断るまでもないが、筆者が書いた疑問や批評は、研究途上の一時点の著作に対してであり、その全体に対してではない。それに、評者の誤解や理解不足もある。また、評者の主張に対し、著者との間に私的レヴェルで議論が生じたこともあるが、「その後の論争」については一切言及しないことにした。併せて著者のご海容をお願いしたい。

本書の刊行については、九州大学名誉教授森本芳樹氏ならびに東北大学教育研究センター教授関内隆氏にご支援を賜った。また、平成十二年の暑い夏をこの原稿の査読に費やされた「匿名のレフェリー」氏に感謝申し上げたい。本書の副題は、レフェリー氏のご提案によるものである。最後に、今回も九州大学出版会編集長藤木雅幸氏のお世話になった。心から感謝したい。

平成十三年九月五日

桑原莞爾

目次

序 …… i
Ⅰ　イギリス近代史の航跡 …… 3
一　永田正臣『イギリス産業革命の研究』（ミネルヴァ書房、一九七三年） …… 5
二　荒井政治『近代イギリス社会経済史』（未来社、一九六八年） …… 11
三　吉岡昭彦『近代イギリス経済史』（岩波書店、一九八一年） …… 17
四　ホブズボウム『産業と帝国』（未来社、一九八四年） …… 27
五　村田邦夫『イギリス病の政治経済学』（晃洋書房、一九九〇年） …… 35
Ⅱ　「最初の工業国家」の経済構造 …… 45
一　若林洋夫『イギリス石炭鉱業の史的分析』（有斐閣、一九八五年） …… 47
二　安部悦生『大英帝国の産業覇権』（有斐閣、一九九三年） …… 59
三　神武庸四郎『銀行と帝国』（青木書店、一九九二年） …… 69

Ⅲ 「植民地的帝国主義」の海外支配……77
一 木村和男『カナダ自治領の生成』（刀水書房、一九八九年）……79
二 杉原 薫『アジア間貿易の形成と構造』（ミネルヴァ書房、一九九六年）……98
三 尾上修悟『イギリス資本輸出と帝国経済』（ミネルヴァ書房、一九九六年）……109
Ⅳ 「ジェントルマン資本主義」論の波紋……119
一 ケイン／ホプキンズ『ジェントルマン資本主義と大英帝国』（岩波書店、一九九四年）……121
二 ケイン／ホプキンズ『ジェントルマン資本主義の帝国、Ⅰ、Ⅱ』（名古屋大学出版会、一九九七年）……129
三 イギリス近代史における「地帯構造」（『熊本歴史科学研究会会報』、一九九五年）……137
四 ケイン「非公式帝国とジェントルマン資本主義」・訳者注記（『文学部論叢』、一九九七年）……142

V　学界展望――イギリス近代史研究……151
一　イギリス帝国主義研究――現状と課題
（『社会経済史学の課題と展望』有斐閣、一九七六年）……153
二　「自由貿易帝国主義」の意義と限界
（『社会経済史学の課題と展望』有斐閣、一九八四年）……166
三　毛利健三『自由貿易帝国主義』（東京大学出版会、一九七七年）……180
後　記……199

イギリス近代史点景

——一つの書評集——

I

イギリス近代史の航跡

イギリス産業革命は、以下の二点においてイギリス近代史の画期とみるに相応しい。第一に、それは十六世紀以降実に三世紀に亘る「封建制から資本主義への移行期」を完了させ、イギリス資本主義を確立させた。第二に、産業革命による生産力的優位を原動力とし、イギリスは後進資本主義国の工業化と近代化を促し、他方で農業諸国の植民地的な従属経済への転化を強要した。こうして産業革命はイギリスを「世界の工場」とし、諸他の地域を「補完的衛星経済」とする「資本主義の世界体制」成立の起点となったのである。

資本主義の確立を出発点とし、第一次世界大戦を到達点とするイギリス近代史の展開局面は、以下のように時期区分されよう。①「ヴィクトリア繁栄期」と称される高度成長期(一八四六—一八七三年)、②四半世紀に及ぶ長期の慢性的・構造的不況に覆われた世紀末「大不況期」(一八七三—一八九六年)、③レントナー国家への傾斜が「弱体化する工業国家」を支えた、この点で発展と相対的衰退がパラドキシカルに併進した「エドワード朝回復期」(一八九六—一九一四年)。大摑みに言えば、十九世紀イギリス資本主義史は、成長＝発展、長期停滞、変質・崩壊という大きな円弧を画いて時代の幕を降ろしたわけである。なお筆者は、大戦以降のイギリス資本主義はヨーロッパの一地域経済以上の意義を持たないとみている。歴史家は、以上の確立期に始まるイギリス近代史の最終局面の航跡をどのように捉えたであろうか。

一　永田正臣『イギリス産業革命の研究』（ミネルヴァ書房、一九七三年）

1

顧みると一九六〇年代は、かのトインビー『イギリス産業革命史講義』（一八八四年）を嚆矢とし、ほぼ一世紀に亘る産業革命史の研究史において第二の転換期をなすといえるのではあるまいか。贅言するまでもなく、第一の転換期とはトインビーの古典的（＝悲観論的）産業革命史像（それは産業革命の激発性と労働階級窮乏化の主張を特徴とする）の、「楽観論」的修正過程を指す。クラッパムの大著『近代イギリス経済史・第一巻「初期鉄道時代」』（一九二六年）に始まる古典学説批判の諸潮流は、アシュトンの記念碑的労作『産業革命』（一九四八年）に結晶した。但し、アシュトンの著作はイギリス経済史学の伝統をなす徹底した史料実証主義に立脚し、地域史・産業史・企業史あるいは政策史等の諸分野における厖大なモノグラフに支えられていた点が銘記さるべきであろう。

他方、最近の十余年の間に進行した第二の産業革命史像の書きかえは、ロストウ『経済成長の諸段階』（一九六〇年）の提起した成長理論を方法的武器として、専ら産業革命（経済成長）の理論的＝体系的把握を企図している点が特筆されよう。近年、陸続と上梓されている概説書は、レフトの立場から書かれたホブズボウム『産業と帝国』（一九六八年）を例外として、いずれも成長論への傾斜が著しい。そしてハートウエル『産業革命と経済成長』（一九七一年）に至り、この傾向は決定的となったとの感が深い。

ところで本書『イギリス産業革命の研究』は、大略以上のごとき研究史的背景のもとに、「著者の意識としては未完成」であるとはいえ、長年に亘るご研鑽の成果を「筆者自身が日頃考えている方法的視点」から「一応の体系」に付したものであり、イギリス産業革命の過程を「史実に即して具体的に明らかにした」作品であるとのことである（「はしがき」及び「むすび」）。確かに著者は首尾一貫して「成長論」批判の立場を堅持された。しかし評者の印象では、右の批判的方法（理論）が実証に媒介された歴史理論でなく、また著者の方法的視角から必然的に要請される歴史分析を欠如する、という意味で本書に理論と実証の一致を見出すことは困難であった。本書は何よりも著者が理解されたイギリス産業革命（期）に関する学説紹介の書であり、著者の本領もまたここにある。

2

本書の全五章の構成は以下の通りである。

第一章　社会体制論的産業革命論とその源流
第二章　経済成長論的産業革命論とその源流
第三章　産業革命と資本主義
第四章　産業革命の先行条件
第五章　木綿工業における工場制度の成立

著者はまず第一―二章において産業革命論の諸学説を系譜的に検討され、次いで第三章で著者の「産業革命の基礎概念」を確定されている。こうした視点から、後続する二つの章で「史実に即して」マニュファクチュアから機械制大工業への段階的移行過程を検証された。ここに第三章こそ、著者の分析視角を知る上で枢要の位置を占めると考えられる。紙幅の制約上、以下では著者の論理を簡単に紹介することにしたい。

（一）　第三章冒頭、「社会体制論的産業革命論（――これは、資本主義批判ないし否定という観点から資本主義体制との関連で産業革命を捉える「概念的」産業革命論を指し、「無概念的」工業化論ないし成長論と対立する立場を示す）こそわれわれの立場である」（括弧内は評者注記）とし、資本主義及び産業革命を以下のように規定された。即ち、資本主義（資本制生産様式）の本質はゾンバルトやウェーバーのごとく「資本主義精神」に求められるべきではなく、「資本による剰余価値の生産、それにもとづく資本の価値額増大、つまり資本の蓄積」（九七頁）に求められるべきである。従って産業革命は「資本の蓄積という資本の再生産運動の展開と関係せしめることによって規定することが何よりも必要」(一三〇頁)である。著者はいう、「(資本主義的)工業化を推進した起動力は、技術革新でも市場の発展でもない。資本の剰余価値生産、換言すれば蓄積運動が技術革新を要求し、社会・経済組織の転換を促したのである」(同頁)。「マニュから機械制工業への資本制生産様式の形態転換、機械制工業の普及・発達の上に、一国の資本制再生産組織が定置せしめられ、資本の蓄積運動が、その法則性を貫徹するにいたる過程が産業革命にほかならない」(一三〇、二二〇、二六三頁等に頻出)。かくして著者の理論は「資本関係(――資本の蓄積運動の意)の質的な変化」なる一句に集約され、この一句こそ、第一―二章の研究史整序の規準であり、同時に第四―五章における史実分析の理論的根拠でもあった。

以上、著者の方法が、産業革命＝産業資本の確立過程はマニュから大工業へという再生産＝蓄積様式の推転過程に即して把握さるべきだというのであれば、こうした一般的・抽象的規定に関する限り評者も異論はない。問題はこのような基礎視角を歴史理論としていかに具体化するかにある。

(二)　次に第一―二章に立ち返りたい。ここでは「社会体制論」と「経済成長論」、論争史からいえば悲観論と楽観論がそれぞれ古典的見解と近代的見解に整理されている。前者の系列ではトインビー、ハモンド夫妻及びドップ、ホブズボウム、後者の系列としてアシュトン及びロストウ、ディーン、ハートウエルの所説が概観されている。結論はすでに指摘したように、技術革命論もしくは工業化＝経済成長論に属する楽観論は、「資本蓄積運動」の視点を欠落する体制弁護論として退けられている。また悲観論の系列でも、トインビー、ハモンド夫妻の学説は「社会改良論」に堕しているとの理由で退けられた。結局、産業革命を「資本制矛盾顕在化の歴史的画期」（三六頁）と捉えるホブズボウムのみが「正統」と認知されたのである。実際、著者の産業革命像はマルクスよりもホブズボウムに負うところが多いとさえ考えられる。ところで本書における理論と実証の奇妙な乖離は、実は著者がマルクスとホブズボウムを二重写しされたことと関係がある。両者はいかなる点で一致し、いかなる点で相違しているのであろうか。

（三）　第四―五章は、「資本の蓄積運動の質的変化」を史実に即して解明した実証部分に相当する。まず第四章では産業革命の先行条件たる「マニュの成長」、「議会囲い込みと農民層分解」、「市場の発展と重商主義」、「人口の増加と産業発展」の四局面について、それぞれ数多くの先行学説に論及されている。これらの節は概ね「資本の蓄積運動の矛盾」という言葉で結ばれているのである。だが、工業化の起動力は技術革新（＝生産力発展）や市場の発展にはないとする先の指摘と右の実証は、いかにして整合するのであろうか。また、独自の研究史をもつ人口史を、資本蓄積運動に接合することが果たして可能であろうか。第五章では、産業革命の主導部門、綿業における工場制度の成立、つまり「資本関係そのものを確立するにいたる過程」が主として紡績・織布部門の不均等発展という視点から叙述されている。それ故、産業資本確立過程におけるイギリス綿業構造変革の国民経済的意義は十分に明らかではない。

3

以上、本書の真価からは程遠い紹介となったが、非礼の点は後学の勇み足とお許し頂きたい。評者は、著者の学風が産業革命史の理論化＝体系化にではなく、むしろ学説史の丹念・精緻な発掘と実証にあると信ずるから、イギリス産業革命史の全体像を再構成する道を、研究史の内在的理解を通じて開示して頂きたかった。また、著者が「産業資本確立＝再生産軌道定置の歴史的画期」として産業革命を捉えようとするなら、「資本蓄積運動が本来の法則にしたがって貫徹した」と主張されるだけではいかにも不十分であろう。この場合、本書が完結するためには第一部門及び産業循環の本格的分析を不可欠としよう。もっともこの点は、著者が「むすび」で今後の課題とされているのではあるが。さらにまた、過去十数年間に達成された、わが国におけるイギリス産業革命研究の理論的・実証的研究水準の綿密な再検討をお願いしておきたい。

（一九七三年）

二　荒井政治『近代イギリス社会経済史』（未来社、一九六八年）

1

研究領域が不断に拡大し、その対極において研究の専門化・精緻化が進展しつつある今日、とりわけわれわれ後進が念頭に置くべきは、個別テーマの全体像にかかわるパースペクティヴを決して見失ってはならないということであろう。まず、彼のテーマが長期的視野のなかでいかなる系統的位置を占めるか、次いで横断面的な全体構造において当該テーマがいかに位置付けられるか。この二点を明確に把握することは、専門的研究の前提であり、また帰着点でもある。このような意味で、十九世紀イギリス社会経済史の全体像を再構成しようとする著者の試みは画期的である。今後われわれが立ち入って問題を追究するに際し、その全体的位置を把握するための「見取図」的役割を果すものと期待される。

本書を繙くに際しいま一つ留意すべきは、この十有余年の間にわが国の西洋経済史学のみならずイギリス実証史学自体が大きく方向転換を遂げたことである。その背後にはイギリス経済の今日的課題がある。焦点はイギリス国民経済の興隆と停滞を廻る問題、即ち「産業革命」論争と「大不況」論争である。著者の駆使された厖大な文献が物語るように、本書にはイギリス経済史学の課題と成果が十分に摂取されており、彼の地における研究の今日的水準に接することができる。以上の意味で、本書の刊行は大きな意義を持つものと考えられる。

2

さて本書の編別構成は、著者の把握された時代像を象徴するタイトル「工業国家の建設」（＝「テイク・オフ」期）以下、「ヴィクトリア盛期の繁栄」（＝「成熟」期）、「大不況期の試練」（＝「更年」期）、「福祉国家への道」、以上の四部十八章から成っている。次に第一部をみると、それは「産業革命」、「農業革命」、「交通革命」、「産業革命と労働階級」の各章で編成され、第二―三部も叙述の順序は基本的に第一部を踏襲した形をとっている。但し、第四部のみは「福祉国家」の形成過程が産業革命期からロイド・ジョージ改革予算案否決に至るまで考察されており、全体との関連でやや奇異の感を与える。副題から推測される執筆構想から外れるかも知れないが、第三部に「大不況期の労働組合運動」、「社会主義運動」を補って編別構成を整えられた方が、遥かに首尾一貫したものとなっていたのではあるまいか。「大不況」期以降、第一次大戦に至る「エドワード期」の国民経済的特質について殆ど立ち入った検討が加えられていないだけに尚更そうである。次に本書の内容である。紙幅の制約上ここでは第一部「産業革命のメカニズム」、第三部「工業停滞の原因」を手掛りとして著者の分析視角を紹介するに止めたい。

（一）まず産業革命＝工業革命とは何か。著者の規定に従えば、それは「農業と商業に基礎をおく伝統的社会が新しい生産技術・生産方法を導入することによって近代産業社会に移行し、持続的な経済成長過程に入ること」（一七頁）であって、この「移行（工業化のスタート）を特徴付ける最も基本的な変化」とは家内工業から工場制工業への推転に他ならない。ではイギリスにおいて「移行を成功に導いた基礎条件」とは何であったか。著者はこれを以下の三つの条件から説明している。

第一は、「累積的変化を引き起こすに十分な起動力をもった発明」がイギリス工業化の主導部門たる綿業に導入されたこと（「技術革新」）、第二に豊富な貿易利潤の蓄積を前提に、これを非生産的浪費から「世界の工場」の資本設備という新しい生産性の高い産業部門に集中投下せしめたこと（「資本蓄積」）、第三に「潜在的に有利な技術革新」に着目し、「新しい市場機会」を捉えて労働・技術・資本の「生産諸要素の新結合」を図る企業家（entrepreneur）が出現したこと（「工業企業家」）によった。かくて技術革新の連鎖的波及効果は企業家を媒介に最終的には生産財生産部門をも包摂し、「持続的工業化の軌道」を定置せしめたのである。みられるように、著者の方法（分析視角）は「経済成長論」によって全体的メカニズムを把握し、こうした成長過程の推進主体が「企業者史」的分析によって補われる仕組みとなっている。以上の意味で「通説の修正」は徹底しており、同様の視角は「農業革命」の理解にも一貫している。

（二）「収穫期」に当るヴィクトリア盛期を経たイギリス経済は、「大不況」を画期として一大転換を迎えることになった。第三部では、「工業停滞」、「農業不況」の実態と原因、及び「自由貿易政策」の動揺が国際環境の変化を背景として鮮明に描かれており、この部分はまさに本書の圧巻である。ところでこのような「世界の工場」から世界市場における一競争国への転落、即ちイギリス産業社会の停滞（成長率鈍化）の原因はどこに求められるであろうか。解答はイギリス学界の現状に規定されて一義的ではない。しかし、著者の方法論を通して、（一）に示された議論を逆にフォロウすると、以下のような捉え方が浮き彫りされてくる。

即ち第一は旧工業（鉄鋼、綿業）、新工業（電気、化学）における技術革新の停滞である。第二にこうした停滞の要因はつまるところ「組織・指揮・管理」における「産業指揮官」の企業心の欠如に帰着する。例えば鉄鋼については、「新鉄鋼技術の採用に消極的であった点で鉄鋼業者のアントロプレナーシップの欠陥」が強調されている。炭鉱業では自然的条件の劣位を除くと、「機械化を遅らせた要因は企業家の側」にあった。綿業でも「綿業資本家自身の経営能力の乏しさ」が指摘されている。しかも旧工業は帝国市場に逃避して延命をはかり、このことが科学技術教育確立の立ち遅れと相俟って旧産業構造を温存せしめ、この事実が成長産業部門たる「新工業」の発展を阻止したのである。ここに至って著者の把握される「大不況」とは何であったかが、改めて問われざるをえない。著者は言う、「(大不況とは)高度成長の恵みを謳歌したヴィクトリア朝の繁栄が去り、欧米新工業国の挑戦をうけて世界の工場の地位を追われ、停滞性が目立ってきた時期、このいわば試練に直面した時期のイギリス国民経済の危機感や激しい国際競争に対する悲鳴、それらがかもしだす転換期のムード、これを表現する名称」(二八七―八八頁)である、と。このような著者の観点からすれば、世紀末「大不況」の構造的把握は欠落せざるをえない。この点は、専ら外国競争という側面からなされた「農業大不況」理解とも関連し、大きな問題を残しているといえるのではあるまいか。

3

以上の点を踏まえ、一つの問題点を指摘しておきたい。それは「大不況」を転機として、一体イギリス産業社会(＝イギリス資本主義)はいかなる構造変化を遂げたのかという問題である。この点、本書は甚だ明解さを欠いていると思われる。工業停滞の原因、農業大不況(従って「近代的大土地所有」の解体)の帰結、反自由貿易運動の挫折の経緯、これらの事実から浮き彫りされるイギリス資本主義像は、資本輸出と植民地支配を軸とするイギリス資本主義の寄生化である。著者のごとく、この時代を「福祉国家」(三五〇頁)と位置付けるとして、福祉国家それ自体が右のような特質をもつイギリス帝国主義といかなる関係にあったのであろうか。

とはいえ、本書は以上の蕪雑な紹介に尽きるものでは決してない。右の筆者の疑問も、イギリス経済史学界に精通されている著者だけに慎重に結論を保留されたのであろう。また本書は単なるイギリス経済史を超えて、社会史的側面の叙述にも多くのエネルギーが投入されている。ともあれ本書は、イギリス十九世紀史研究の水準を一歩引き上げる牽引車の役割を果すに相応しい概説書であるといえる。

（一九六九年）

三　吉岡昭彦『近代イギリス経済史』（岩波書店、一九八一年）

1

かの「寄生地主制」論争以来今日まで、吉岡昭彦氏がわが国の西洋史学界にポレミックな問題提起を続けてこられたことは周知であろう。とりわけ一九六〇年「安保」闘争挫折を契機に執筆された学界展望「日本における西洋史研究について」（『歴史評論』一二一号）は、わが国学界に少なからざる反響を巻き起こした。氏は戦後の歴史学界が主たる課題としてきた「封建制から資本主義への移行」の研究がステロ化しつつある状況を批判し、戦後日本資本主義の再建・確立を背景とする実践的課題の推移が、歴史学における主題の転換を要請していると主張された。

氏の提言はこうである。いまや「主体的問題意識」の転換を前提として、「近代社会＝資本主義社会の構造分析と運動法則の究明」、並びに「世界資本主義の形成と展開」過程の追跡がわが国歴史学徒の「最も緊急な、そして窮極の」研究課題でなければならない、と。それから二十年。資本の高度成長は大塚史学に代表される歴史理解を清算し、自らに相応しい歴史学を育んだ。しかし、高度成長が破綻し、危機に直面しつつある現状から顧みるとき、本書に描かれたイギリス近代史像はにわかに緊迫感を帯びてくる。本書は戦後日本の転換期に際会した著者が、自ら背負った課題に対する回答に他ならない。

2

『近代イギリス経済史』と題する本書は、一八一五―一九一四年の期間を対象とし、この一世紀間のイギリス経済史及び経済政策史を「一貫した論理」をもって叙述したものである(一頁)。「近代」が独自の意味をもって使用されている点に留意されたい。

ところで、この一世紀間を対象とする場合、課題は地理的にヨーロッパの一角に位置する島国の単なる一国史ではありえない。なぜならば、確立したイギリス資本主義は自己の資本蓄積に適合するように世界を改造し(「資本主義的世界体制」＝パックス・ブリタニカ体制の創出)、逆に世界市場の在り方がイギリス資本主義の展開を規定したからである。「資本制的蓄積の進展と世界市場的連関を両軸としつつ、イギリス資本主義の段階的推転＝構造的変化を具体的かつ総括的に叙述」し、イギリスが「最初の工業国家」から「利子取得者国家」に転化してゆく必然性、並びに「パックス・ブリタニカ体制」の崩壊と第一次世界大戦の必然性を把握すること」(四頁)、これが本書の課題である。

では、かかる課題を解明するための視角と方法はどのようなものであろうか。著者は叙述の全体を通じて経済的基礎過程（＝資本制生産）を土台に据え、これを「経済政策史および政治史へと収斂せしめる」（五頁）方法をとっている。こうした方法が客観性をもちうる根拠は、資本主義の確立を画期として、基礎過程の運動が諸階級の利害と要求となり、これが政党を介して議会の政策決定に反映されるメカニズムが確立した点に求められよう（五、五〇―五一頁）。こうして打ち出された経済政策体系は、①イギリス資本主義の蓄積の前提をなす「生産の国際的関係」、②資本制生産に内在する産業循環の諸局面、就中「資本制生産の一切の矛盾の集合的爆発」である恐慌に媒介されて史的展開を遂げるであろう（六―八頁）。以上、著者は「世界市場的契機」と産業循環＝「恐慌史」を視座として、「一貫した論理」をもって政治経済史の観点からイギリス資本主義のトータルな歴史像に接近された（二九五頁）。

3

以上の序論を除くと、本書はイギリス資本主義発展の諸段階を追って全六章から構成されている。しかし、極度に圧縮された表現の多岐に亘る論点を逐一紹介することは不可能に近い。それ故、全体を二つの時期（＝段階）に区分し（十九世紀末「大不況」を画期とする）、基礎構造、政治過程、経済政策について簡単な比較を試みつつ本書の内容の一端に触れることにしたい。

（一）　自由主義の段階。著者はナポレオン戦争後の「戦後不況」を、十九世紀末大不況及び一九三〇年代不況に比定さるべき資本主義の「段階的推転を媒介する構造的不況」（一五頁）とみなす。この意味で戦後不況は産業革命を促進し、イギリス資本主義を確立（一八二〇―三〇年代）せしめる契機となった。確立したイギリス資本主義の基礎過程については、以下の二点が重要である。①それはランカシャー綿業の再生産を基軸とする「輸入依存型・繊維工業基軸型構成」をとり、これに照応して貿易構造も「工業国型貿易構造」（食料・原料入超、工業製品出超）を示す（三七頁）。綿業が蓄積の起点をなし、ロンドン貨幣市場がこれに包摂されるという意味で「マンチェスター＝ロンドン枢軸」が成立した（四一頁）。以後、支配的・主導的資本として、綿業資本は経済政策の全領域において決定的影響力を及ぼすことになる。

綿業基軸の再生産＝貿易構造は、確立期以降「古典的世界市場」――「イギリス産業資本の再生産を基軸として編成され、イギリスのみが絶対的優越者として国際的生産を掌握し搾取している段階の世界体制」（九八頁）――を成立せしめ、「資本主義の世界体制」を構築する。但し、中心国イギリスと後進国の関係が個別的・双務的貿易関係に止まる点で、それは帝国主義段階の世界市場と異質である（一九二頁）。

政策主体と政治過程。資本主義の確立は、また「資本の利害と政策的志向が立法過程において貫徹して行く」政治機構を成立せしめる（「改革議会」）。同時に、政策論争に媒介されて自由・保守二つの近代政党が形成された。自由主義経済政策の推進主体は詳論するまでもなく自由党である（一三四頁）。

しかし地主階級の党としての保守党の内部に「資本への依存による共存共栄」の関係を認識するピール派が派生し、政策転回に決定的役割を果す点が看過されてはならない。

最後に「自由主義経済政策体系」とは何か。一般に資本制生産は自由競争を基礎とする。従ってブルジョワ国家は資本主義の確立とともに「資本の自由な競争」を阻害している重商主義的諸規制を解体し、「自由放任」を実現した。肝要の点は、これと同時併進的に新たな「国家干渉」が展開されたことである。それは、①自由競争の前提諸条件を全国民経済的規模で必要・十分に整備するために、また②資本制生産それ自体の崩壊を防止するために、「国家介入」を不可欠としたからであった。こうして自由主義経済政策は貨幣市場政策(「ピール条令」)と労働市場政策(「工場法」)を双軸として体系的に整備され、対外的には「自由貿易政策」(多様な政策的契機をもつ)がこれに対応する(以上、第四章(三))。このような体系としての自由貿易経済政策は一八四〇年代に定着し、「繁栄期」に完成した。

(二) 帝国主義の段階。以上に概括したイギリス資本主義は「大不況」(一八七三—九六年、長期の農業大不況を伴う)を画期として顕著な構造変化を遂げた。①まずイギリスは「弱体化した世界の工場」、別様に表現すれば「工業国型貿易構造を基礎とし、資本輸出＝利子・配当収入を不可欠の支柱とする……利子取得者国家」に転化する(一六〇頁)。支配的資本はランカシャー綿業からシティ金融資本(それは産業的蓄積から乖離した独自の利害を追求する)に転換する。②同時に世界市場の側にも注目すべき変化が生ずる。古典的世界市場は解体され、帝国主義的世界市場に再編成されるが、その全体構造が「多角的貿易＝決済構造」と呼ばれる機構である。この機構は、（a）欧米工業国、とりわけドイツ、アメリカの工業化、（b）イギリスの工業的停滞と農業の解体、（c）後進的農業諸国の開発と第一次産品輸出による世界経済への統合、以上の三点を基礎条件として形成・確立された（二一一―二二頁）。この機構こそ海外投資を介してイギリス金融資本が剰余価値を取得する国際的脈管体系に他ならなかった（「ポンド体制」）。多角的機構形成の結節点にイギリスの属領インドに対する植民地支配が存在した点に留意されたい。

政策主体と政治過程について枢要の点は、自由主義政策の担い手たる自由党が一八八六年以降分裂・弱体化し、自己解体の第一歩を踏み出すとともに、保守党がチェンバレン一派（「自由統一党」）を吸収しつつ長期政権を実現したことであろう。同時に自由党それ自体も大きく変質し、シティ金融利害を代弁する「自由帝国主義派」が党の主流を占めるに至った。こうして両党はともに帝国主義政党に転進したのであるが、一九〇六年総選挙を画期とするイギリス型帝国主義政策（「自由帝国主義」）を推進した政党が自由党であった点に注目されたい（二三四頁）。

以上の構造的変化に媒介されて、自由主義経済政策は全分野に亘り転換を余儀なくされ、帝国主義政策へと転化する。巨視的に見て「政策旋回の基軸」をなすのは農業＝土地政策（特に一八八三年「農業借地法」）である。これは土地貴族を株式・債券保有貴族へと転身させることにより、海外投資型帝国主義の主体を生誕せしめた(一七九頁)。帝国主義政策の展開の上でいま一つ留意すべきは、労働階級の「社会改革」要求に「福祉国家」政策をもって応え、彼らを帝国主義体制に編入したことである(二五〇頁)。

以上の二点を前提として帝国主義政策が推進されるが、「二つの路線」の対立と抗争を経て確立されたのは多角的貿易＝決済機構に立脚し、海外投資を保全・防衛する「帝国防衛政策」である。とりわけシティ金融資本の蓄積に不可欠のパイプをなす属領インドへの「エムパイアー・ルート」防衛策であった(二七七頁)。それ故、一九〇七年恐慌以降、ドイツ帝国主義が独自の金融的支配圏(＝「マルク決済圏」)を構築し、それがエムパイアー・ルートを切断する可能性が生じたとき、英独両帝国主義の総機構的対決が不可避となったのであった(二八三頁)。

4

以上が本書の骨子である。著者は古典的帝国主義段階まで「資本主義的世界体制」の中核をなしたイギリス資本主義の構造と動態、ならびに世界市場の編成と構造を視座標として「パックス・ブリタニカ」体制を解明し、帝国主義体制の矛盾が第一次大戦という軍事的決済に帰結する必然性を展望された。経済的基盤、政治過程、政策展開の諸領域に跨がる内外学界の新しい研究成果を盛り込み、厖大な史料の検討と個別研究の集積の上になった本書は、容易に通読しうる「経済史の概説書」などでは決してない。付言すれば、著者は例えば宇野学派批判のごとく明示的である場合以外にも、多岐に亘る論点をめぐる研究史批判を意図されている。評者は歴史研究における理論と実証の緊張関係について実に多くを学んだが、以下に若干の所感を述べてご教示をえたい。

（一）　著者は政策史的アプローチを重視されるが、この場合、「実現された政策」の視点から基礎過程の一面を強調される余り、経済史固有の興味ある問題を捨象することにならないであろうか。例えば周期的恐慌は、資本過剰と同時に労働力過剰の問題を惹起する。前者は数多くの政策的契機を介して海外投資国家への転成を導いたが、「実現された政策」から見る限り、後者に関わる植民地政策の成果は乏しい。失業よりも「安いパン」を選択する労働階級のビヘイヴィアの背後には、体制的危機の「安全弁」として植民地移民の問題が存在したであろう。「組織的植民」論以降、この問題は十分には掘り下げられていない。

（二）　確立期における自由主義政策は、まさに全政策領域の緊密な相互連関と統一性を示している（第三章(三)と第四章(三)を対比されたい）。然るに帝国主義段階についてみると、諸政策の位置にズレを生じている。のみならず帝国主義政策「体系」とは表現されていない。さらに例えば海外投資を植民地に誘導する政策的装置は完備したにもかかわらず、その二分の一が外国に流出しており、この現象を同時代人は海外投資の「自由放任」と歓迎した。そもそも自由主義政策体系と帝国主義政策はいかなる相互連関をもったのであろうか。政策原理と政策体系の整合性は本書の一主題をなす。世界恐慌下の全機構的転換を見通した上で、古典的帝国主義期の「構造的変化」→「段階」の意義を明らかにする必要があったのではあるまいか。

(三)　著者は帝国主義の政策主体を自由党自由帝国派（Liberal Imperialist）とみなされているが、総じて一八八六年以降の政治過程についての説明は必ずしも説得的ではない。海外投資の主たる担い手は旧土地貴族であり、シティ有力者層は概して保守党に親近性を示し、事実、保守党に所属した。一九一〇年総選挙の結果は一層示唆的である。十九世紀末「大不況」以降、帝国主義の推進主体はやはり保守党だったのではあるまいか。「北部イングランド」の綿業資本家だけが、イギリス・ブルジョワジー全体と異なる志向をもったのである（追記。その後、第一次大戦前のランカシャー綿業を立ち入って検討する機会があり、綿業資本家も大勢として保守党支持に回帰したと確信するに至った。一九〇六年総選挙における自由党の「地滑り的勝利」は、一過性のスイングにすぎない）。

(四)　全体像及び前項2に示した全体像構成の方法については、著者の立場に同意する。資本主義経済の土台の上に歴史像を描く方法を「基底還元論」として排除する主張があるが、それらの批判（？）は矢張り的外れであろう。しかし、課題・方法・視点を異にすれば、本書と異なるイギリス資本主義史像を描くことは可能であろう。例えば評者は、米川伸一氏の現代イギリス社会論を出発点とする発生史的方法（吉岡氏の表現によれば、「ケインズ的階級把握規準の遡及的方法」柴田三千雄・松浦高嶺編『近代イギリス史の再検討』御茶の水書房、一九七二年）による全体像構築の試みを意義あるものと考えている（米川伸一「イギリス政治過程の再検討――もう一つのイギリス像」『経済評論』第一九巻、第七号）。そして評者には、本書の分析的なイギリス資本主義像と米川氏の「もう一つのイギリス像」が、意外にも相互補完的である事実を興味深く思う。この労作が必ずや歴史学徒の知的好奇心を触発するであろうことを確信し、拙い紹介を閉じることにしたい。

（一九八一年）

四　ホブズボウム『産業と帝国』（未来社、一九八四年）

1

本書は、E. J. Hobsbaum, *Industry and Empire, An Economic History of Britain since 1750*, London, 1968（訳書では六九年版により若干の改訂が加えられている）の全訳である。著者がイギリスでは異色の、しかしこの国を代表するマルクス主義歴史家であることは周知であろう。当時の経済発展＝工業化論（「低開発」世界の非植民地化を背景とする）への関心の深まりという学界状況を踏まえ、一般読者のために「非専門的方法」により一九六〇年代までの二世紀に亘るイギリス経済史を叙述したのが本書である。著者によれば、「この書物は、最初の産業強国としてのイギリスの興隆、先駆者としての一時的支配からその衰退、世界の他の国々とイギリスとのむしろ特殊な関係、および以上すべてのことがこの国の人びとの生活に与えた影響の若干」を描き出そうとしたものであった。副題に「一つのイギリス経済史」とあるが、同時に社会的・政治的変化の諸相が克明に追究されており、その全体が現代イギリス社会に焦点を結んでいる。
厳密に年代順に配列されているわけではないが、視座と構図を示す序章に続き、全十五章が三つの時期＝段階に区別されている。第一に、イギリス産業革命の起源・展開とその「人間的諸結果」を対象とする一七五〇—一八四〇年の期間（第一—五章）。第二は「危機の四〇年代」から第一次大戦まで（第六—十章）。ここでは「世界経済」的視点から大不況を画期とするイギリス資本主義の発展と衰退の二つの局面が検討されている。この部分が首尾一貫性と説得力を欠くとの批判もあるが（review by W. Ashworth, *Econ. Hist, Rev*, Vol. 22, no. 1, 1969）、著作の全体構想において枢要の位置を占めているといえよう。第三は両大戦間期から一九六四年の労働党政権の成立まで（第十一—十四章）。その主題はヴィクトリア期経済の終局的崩壊とその後の「イギリス的近代化」（modernization）過程であるが、こうした段階的推移との関連で国家＝政府の果す役割が総括的に考察されている。終章ではケルト周辺地帯の辿った経済史が素描されている。また末尾には数量的データを簡略に視覚化した五一葉の図表と文献案内が付されている。

2

以上の時期区分に従い、第二の時期を中心に経済的側面について本書の内容を紹介することにしたい。著者の問題を端的にいえば、工業化のパイオニア国家たるイギリスがなぜ現代の衰退を帰結することになったか、この一点に絞ることができよう。工業化の初期段階で先駆的工業国として獲得した世界的地位、これこそその後の衰退の原因に他ならない。いかにしてそうなったのであろうか。

（一）　イギリス産業革命（「工業化の第一局面」）については松尾太郎氏の詳細な紹介があるので（『経済志林』第三七巻、第三号）、ここでは評者の注目する三点を摘記するに止めたい。第一は産業革命の前提に関する論点である。十八世紀中葉のイギリスは政治権力から見ると「地主貴族の寡頭制」でありながら、最終的には「生産者の利益」が政策を支配するブルジョワ革命を経た商業＝貿易国家であった事実が重視されている。第二に、十八世紀後半の特定の一時点で産業革命が引き起こされた特殊な、しかし決定的な要因は何か。著者によれば、それは非弾力的な国内市場の拡大ではなく、再編成された「世界経済」に占めるイギリスの地位、貿易・海運独占と植民地および「低開発」市場の集中に伴う海外需要の一挙的拡大であった。第三は工業（化）経済の第一局面における脆弱性である。綿業を単一の主導部門とする工業化経済は、技術的にも組織的にも旧套的《アーカイック》であるばかりか、国民経済の全面的変革力をもたず、安定性と持続性を欠いていた。その結果、本格的恐慌＝不況（一八二五年恐慌）に直面した資本主義経済は、一八三〇―四〇年代に崩壊の危機に瀕することになる。これらの主張は本書刊行当時のわが国で注目されていた論点ではない（マニュ期における豊かな国内市場の形成こそ産業革命の一つの前提と考えられた。これは一例にすぎない）。

（二）　先に指摘したように、第二の時期は著者のテーゼを論証する上で極めて重要である。主張の骨子を要約しよう。①まず第一局面の危機は、偶発的な鉄道建設に誘発された資本財工業の確立(「工業化の第二局面」)により突破された。資本主義はこの全面的工業化の第二局面で初めて安定性と持続性を持ったのである。同時に第二局面はイギリスが世界経済の発展セクター(欧米)と低開発セクター(従属諸地域)との間に、「特殊な型」の国際経済関係を構築した時期でもある。前者が工業化の「途上国」である限り、イギリスは「世界の工場」であり「世界の銀行」であり、また唯一の植民地国家でありえた。こうして十九世紀の第三・四半期にイギリスを同心円の中心とする自由主義的世界経済が出現する。

②著者によれば、この発展局面から衰退局面への分岐点は一八六〇—九〇年代にあり、その理由としてイギリスと後発国の工業経済の質的差異が強調されている。つまりイギリス工業は先駆国であるが故に「アーカイックな構造」を刻印されていたが、新興国は「成長産業」(科学を基礎とし技術進歩を推進力とする。典型は化学・電機工業)に立脚していた。イギリスは新工業の分野で立ち遅れ、その落差はすでに大不況期に決定的となっていた。なぜであろうか。

③著者は、地主的価値体系の存続や企業家精神の衰退といった非経済的要因からの説明を退け、「経済的現象についての経済的説明」を対置している。その要点は、旧工業へのオーバーコミットメントが新工業への転換を困難にし、またイギリスの世界的地位の故に転換の必要がなかったという点に集約される。イギリスは新興国の競争に正面から対抗することなく、利潤を獲得する「別の選択肢」

を持っていた。第一の経路は、旧工業を維持しつつ公式・非公式の衛星的世界、つまり「低開発」世界に後退することである。第二のそれは国際的貸付や貿易決済の中心地としての地位に依存していくことであった。逆に、貿易＝金融国家への傾斜が工業の「近代化」への可能性を見失わせることにもなった。イギリスは競争的経済から「世界独占の残りもの」に他ならない低開発世界や貿易＝金融の領域に依存する「寄生的経済」へと変質する。第一次大戦以前の「佳き時代」は、表層的繁栄と産業的衰退の併進する矛盾と混乱の時代であった。

（三）　危機と後退のパターンの反復こそ、両大戦間期以降のイギリス経済を特徴付ける。ヴィクトリア期経済は世界恐慌の「経済的」破局とともに一九三〇年代初頭に死滅した。他方、競争国に大幅に立ち遅れたイギリス工業は、戦間期に漸く「二十世紀型経済」へと転換した。しかし、高度の集中＝独占に象徴される外見上の「近代化」にもかかわらず、そこには根本的変化は認められない。現代イギリスは依然としてシティ経済と帝国（後にはスターリング圏）に逃避を続けており、そうした視点からいえば、国内市場を基盤とする成長経済の発展すら非競争的経済への逃避の一形態にすぎない。所与の歴史的諸条件への「適応」が、あるべき「近代化」の姿から見ると「不適応」である、――これが著者の診断である。

3

以上は豊富な内容の一端にすぎず、骨子の紹介で本書の魅力を伝え得るものでは決してない。というのは「農業・土地」に関する二つの章をはじめ、著者は随所で経済的変化の社会的・政治的帰結、さらに文化・イデオロギーの領域とのかかわりを問い、時代の全体像を描こうとしているからである。ところで、この書物はいわゆる通史の体裁をとり、著者も「総合の書物」であることを強調している。従って本書を理解し評価する鍵は、総合化＝解釈の視点にあるといえよう。ホブズボウムに独自の視点とは、神武氏が「訳者あとがき」で指摘されているように、現代イギリスを起点とする発生史的把握を目指し、市民革命から現代までを一つの構造をもつ全体として捉えようとする点である。時代的限定のため捨象されてはいるが、市民革命が「最初の産業革命」の歴史的大前提に据えられていることは疑問の余地がない。いま一点は、工業化の全過程をグローバルに捉え、資本主義的世界経済の展開過程のなかに位置づけたことである。

こうした視点に立つことによって、イギリス資本主義史のまさに個性的な歴史的特質が浮き彫りされることになった。顧みると一九七〇年当時、わが国の産業革命史研究も一応の決算期を迎え、すでに幾つかの著作も刊行されていた。ホブズボウムの把握とわが国のそれは、右の二点で大きく食い違っている。また彼のアプローチは、産業革命を「低開発国工業化のモデル」とみなす当時のイギリスの経済史学界の発想とも異なっている（F. J. Fisher, 'The Sixteenth and Seventeenth Centuries: The Dark Age in English History?', *Economica*, XXIV, 1957; P. Dean, *The First Industrial Revolution*, Cambridge, 1965）。それ故本書の出現は一つの衝撃であり、わが国への影響は近年の問題作（藤瀬浩司『資本主義世界の成立』ミネルヴァ書房、一九八〇年、柴田三千雄『近代世界と民衆運動』岩波書店、一九八三年）の基本構想に色濃く投影されていると思われる。

さてホブズボウムはコンドラティエフ長期波動が下降期に入る一九七〇年代を前に、イギリスが「沈みゆく難破船」とならない可能性に期待した。しかし、石油危機後のイギリス経済の現実は、臨終の告知を待つがごとくである（I, Kramick (ed.), *Is Britain Dying?: Perspective on the Current Crisis*, Cornell Univ., 1979）。その一方でロンドン証券取引所のM・W・クラークは、シティ金融界と製造工業の関連を論じ、海外投資と結合したシティの海外活動こそ「工業の代替産業」であり、それがイギリス工業の存続を支えていると自慢した（*The Times*, Oct. 10, 1979）。このエピソードはホブズボウムの「見込み違い」を示すが故に、彼の主張の正しさを証明するとはいえないであろうか。

訳文に一言。これまで「訳者に恵まれず」、悪評の高かったホブズボウムの翻訳とは異なり優れた内容である（水田洋『人のこと本のこと』ミネルヴァ書房、一九八四年）。しかし疑問がないわけではない。一例を挙げれば、原文二九九頁の“*national*” form（全国的）、“*national*” rituals（民族的）を等しく「国民的」と訳したのでは文意を正しく伝えたことにならないであろう（訳書、三六七頁）。この上なく論理明解でリズミカルな原著のトーンがやや失われ、日本語としていささか生硬の感が残るのは翻訳の限界であろうか。しかしこれらは本書の理解を妨げるものではない。共同翻訳に携わられた三氏のご努力に感謝し、この日本語版がアングロ・マニアのみならず、イギリス近代史研究にかかわる学徒の共通の資産として、広く読まれることを期待したい。(邦訳は、浜林正夫、神武庸四郎、和田一夫の三氏による。)

(一九八四年)

五　村田邦夫『イギリス病の政治経済学』（晃洋書房、一九九〇年）

1

『イギリス病の政治経済学』――いかにも刺激的な書名である。著者はエドワード期（通例、第一次大戦前の十数年を指す）の自由党をテーマとして研鑽を重ねてこられた政治史学徒である。サブタイトル（「十九―二十世紀転換期における自由主義による危機対応過程」）が示すように、本書は当該期のイギリス政治過程の把握を目指す。しかし、それだけではない。著者はエドワード期政治史研究から得られた知見を「応用・適用」し（iii頁）、現代イギリスの経済的衰退（いわゆる「イギリス病」）の病根を正しく診断し、ここから日本経済の将来に教訓を引き出したい、としている（三、二三二頁）。まことに意欲的な作品と言えよう。本書の構成は以下のごとくである。

第一章　イギリス論の再構築に向けて
第二章　「イギリス病」へのアプローチの視座標

第三章　自由主義体制の危機とその顕在化
第四章　「小さな政府」vs「大きな政府」
第五章　「帝国主義」vs「反帝国主義」
第六章　「自由貿易」vs「保護貿易」
第七章　イギリスの二つの文化：産業主義文化と反産業主義文化
第八章　イギリスの選択：「新自由主義・反産業主義」構造の形成
他に「はしがき」と人名・事項索引が付されている。

本書の方法的視点・結論は、若干のヴァリエイションをもって繰り返される以下の文章に凝縮されている。こうである。①イギリスは「クラス・ポリティクス」の観点からは「ニュー・リベラリズム」を、②「インペリアル・ポリティクス」の観点からは①と抱き合わせの形で社会帝国主義を、③「カルチュラル・ポリティクス」の観点からは反産業主義文化の優位性を「三位一体」的に志向する路線を選択したのである。結局、自由主義体制の危機に対しての、或いはまた「(再)近代化に際して、イギリス国家が選択した政治路線によって、今度はイギリス経済の衰退といった容易に打破し難い構造的・恒常的危機の日常化が招来されることになった」(iii、二〇七頁、その他)。別の箇所では①、②が路線、③は構造(二三二頁)とあるので、その意味を考えてみたが、十分には理解できなかった。

2

以下、適宜コメントを加えながら、本書の内容を紹介することにしたい。
(一)第一—二章は、著者の「新たな視座」を提示した部分である。まず第一章の自由党衰退論争。第一次大戦を画期として、以後この政党が単独では政権を獲得することなく、没落の一途を歩んだ事実は、解明を要するイギリス近代史上の一大事件であるといえよう。この没落は労働党の台頭によるものか、「新自由主義」の破綻によるものか、それとも第一次大戦中の自由党指導部の内部分裂によるものか、見解は分かれる。本書にはデインジャーフィールド以下、数多くの見解が紹介されている。しかし著者が論争史から引き出された結論は意外である。要約すれば、これらの見解は外見的な対立にもかかわらず、イギリスが工業化した「近代化の典型国」であることを「共通の前提」に議論をしている点が「限界」である、このように主張されるのである(一八—二一頁)。限界とは「工業化とその発展に真っ向から対置されるイギリスの保守的文化」(一九頁)、この観点からイギリスを見る視点の欠落である。私見では、この論争は、新自由主義をいかに評価するかという本書の内容にかかわる論点を含むが、とりあえずイギリスが近代化の典型国であるか否かは争点ではない。研究史の検討と批判の仕方が問題であろう。ともかくイギリスの「特異性」を理解するためには、或いは「正鵠を射た衰退研究」には、「資本主義以前の」保守主義文化、貴族、ジェントリー、ミドルクラスの「価値観と生活態度」(二一頁)を取り込まなければならない。これが著者のいう「複眼的イギリス論」である。

第二章の「イギリス病論争」。著者はここでも新たな「資料」を発見された。「資料」とは、D. Coates and J. Hillard, *The Economic Decline of Modern Britain*, London, 1986である。この書物は、編者コーツとヒラドが「現代」イギリスの経済的衰退をめぐる様々な論者の診断と処方箋を集め、ライト、レフト、センターの三系列に整理したものである。「ライトの見解」とは衰退要因を主として労働の側に見いだす労働責任論である。これに対し、「レフトの見解」は資本責任論と概括することができよう。著者が注目したのは「センターの見解」である。著者の理解によれば、そこでは「イギリス的生活様式、産業上の訓練に不適確な教育制度、品質管理の不備、政策決定における過度の中央集権化」(四八頁)などが衰退の要因として挙げられていた。「センターの見解」の特徴は、「イギリス的生活様式を経済衰退の主たる要因と位置づけているなかに見いだせよう」(四八頁)。但し、「文化的影響力とその側面を強調しすぎることは、結局イギリス社会の他の大切な側面(工業化とその展開)の軽視に導く」ことになる。工業化とイギリス的生活様式の双方を視野に入れること、これがイギリス近代史を再構築するに必要な「複眼的視角」の内容であった。著者の理解する「センターの見解」は妥当であろうか。次項3で若干検討することにしたい。

(二)　第三—六章は世紀転換期における「自由主義体制の危機」と「新自由主義による対応」を扱っており、本書の中心部分をなす。但し、危機と対応は世紀転換期という特定の時点に焦点があるのではなく、そこに至る「流れ」のようである。関係ないかも知れないが、S. Newton and D. Porter, *Modernization Frustrated. Politics of Industrial Decline in Britain since 1900*, London, 1988 は、南ア戦争によって露呈されたイギリスの国家的衰弱を危機と捉え、これに対応するための政治＝政策路線を「現代化」(Modernization) と呼んでいる。ともかく第三章は、「自由主義の危機の全容」を概観した部分である。十九世紀末のイギリスは、選挙法改正により「自由主義の政治体制それ自体の修正」を迫られ、「レッセフェール原則をめぐる対立」、「レッセフェールの対外的適用をめぐる路線の対立」が発生した(七〇頁)。この危機への対応、「(再)近代化」、「リ・オリエンテーション」のため、ここに三つの論争が登場する。著者の意図は《大きな政府、帝国主義、自由貿易》を志向する政策路線と政策主体を検出することにある。従って路線形成から排除される政治諸勢力への論及は最小限に止めたい。

第一は、「大きな政府」、つまり'collectivism'を志向する新自由主義的立場と、'individualism'＝「小さな政府」の対立・論争である。これらの用語＝概念は次のように理解されている。「individualism, collectivism の用語は両者とも曖昧なものであるが、後者は前者のおよそ反対のものを意味していた」(七八頁)。一三九頁では、'collectivism'は「進歩的知識人」を指す。「大きな政府」を推進したのは、J・A・ホブソンなどの社会急進派、「共産主義者や社会主義者の党内で急速な勢力浸透」(八三頁)に驚いた自由党・自由帝国主義者、非公認綱領を掲げたチェンバレン派などであった。

第二は「大きな政府」と結合した「帝国主義」、つまり社会帝国主義と「反」帝国主義の対立である。前者の担い手はディズレーリであり、「世界帝国主義」に立つチェンバレンであった。また「帝国膨張を意図」しつつも、「帝国問題にほとんど何の関心ももたない」ローズベリー(=自由帝国主義派)、フェビアン派がこれに加わる(一一五頁)。「大きな政府」を支持した社会急進派のホブソンは「反」帝国主義であったが、実はホブソンは「自由貿易が帝国主義である」こと、つまり自らが帝国主義者であることを知らないで「反」帝国主義を主張していたのであった。お分かり頂けるであろうか。著者は「自由貿易帝国主義」学説を支持されており、それ故自由貿易を弁護するホブソンは帝国主義者だったのである!(一五七頁)。ともあれ「帝国主義」に関する限り、路線対立は表層的であったといえよう。

第三は「自由貿易対保護貿易」の対立である。大不況期の公正貿易運動を関税改革キャンペーンに発展させたのはチェンバレンであった。これに対抗し、自由貿易を擁護した諸勢力として、まず自由帝国主義派が注目されなければならない。「リベラル・リーグ」に結集した彼らの多くは「報復関税を支持し『タイムズ』に投書する」(?)人々であり、「自由貿易に伝統的支持」を与えたのであった(一五六頁)。この自由帝国主義派に連帯したのがフェビアン派、ホブソンの社会急進派などであり、ここに「大きな政府、帝国主義、自由貿易」路線を志向する「権力ブロック」が出現するのである。「大きな政府と帝国主義」の線まで権力ブロックの一翼を担ったチェンバレンは脱落する。以上の過程を著者はこのように要約している。「十九世紀後半から顕在化するに至った自由主義体制の危機的状況に対して、イギリス国家は、あるいは自由党を中心としたイギリスの権力ブロックは、一つの政治路線を選択した。……すなわち《大きな政府、帝国主義、自由貿易》を志向する路線である」（二二六頁）。

（三）　第七—八章に移りたい。この部分は現代イギリスに続く保守主義文化の貫流を主張する上で枢要の位置を占める。イギリスにおける産業主義文化と反産業主義文化の存在、後者による前者の「封じ込め」を指摘したのはウィーナーであった。著者の課題は「科学技術教育（＝産業主義）」運動を辿り、ウィーナー・テーゼの当否を検証することである。結論を急げば、十九世紀を通じて技術教育は、パブリック・スクールとその教育理念（帝国統治のための全人格教育）より優位に立つことはできなかった。この点で、バルフォア統一党政権の一九〇二年教育法は決定的であった。同法は中等教育カリキュラムの中心に人格教育を据えたからである。こうして反産業主義文化の基盤は強化され、イギリスはジェントルマン的価値観に「封じ込め」られたのであった。

3

以上、本書の骨子を辿ってきたが、叙述が難解であるため著者の意図するところを十分伝え得たかに自信はない。最後に若干の感想を述べておきたい。

（一）　著者は従来のイギリス近代史像（「内なるイギリス像」）を否定し、ウィーナー・モデル（「文化還元論」）も乗り越え、新たな視座と見取り図を示された。その「図式」は前項1に引用した通りである。評者は政治学や政治史の視点や方法に疎いので、ここに提示された「三位一体」的路線＝構造が政治史学の説明原理たり得ているかどうか判断できない。しかし、エドワード期の政治史に関する限りでいえば、政治過程のダイナミクスを理解し、政治の「構造」に迫るためには政党史の観点が不可欠と考えている。評者の念頭にあるのは、イギリス統治階級の本流をなす保守党のイデオロギー、政治戦略、政策路線、政治基盤などである。著者も気付かれているように、一九〇六年総選挙の歴史的敗北以降、イギリスでは「保守党の奇妙な復活」が開始された。この党はエドワード期政治史のなかでいかなる位置を占めていたのであろうか。それとも、時に著者が論及されている「保守主義」とは、保守党の意味であろうか。

（二）　本書の大きな目的の一つは、政策路線の「担い手」＝政策主体を明らかにすることであった。著者はこれを「権力ブロック」と表現されている。著者の概念規定を意訳すれば、「国家の周りに組織され、諸階級の分派から構成される社会的諸勢力の連合」とでもなるのであろうか。それは支配階級などという「高度に単純化」された概念と異なり、歴史具体的分析に活用できると主張されるのである（五八頁、註九三参照）。著者の図式によれば、「自由党を中心とする権力ブロック」は次のようなプロセスを経て成立した。「大きな政府」支持勢力から、まず反帝国主義者、続いて保護貿易派を差し引く。すると「三つの路線」を支持する勢力が残り、これら分派ブロックが権力ブロックの正体をなす。ホブソンもチェンバレンも権力ブロックの一員であったが、途中で追放されたのである。こうして権力ブロックは一種の「引き算」により解明されるのである。

四半世紀も昔のことになるが、P・アンダーソンが発表した論文「現代危機の諸起源」（*New Left Review*, no. 23, 1964）は、イギリスの近代史家にも強烈なインパクトを与えたと想像する。彼らは「支配階級の正体は何か」というアンダーソンの挑発に答えるべく、厖大な実証研究を積み重ねてきた。ルービンシュテイン、カシス、ボイスなどの研究がそれである。一つのモデルによれば、イギリス資本主義フラクションたるシティ金融資本は、「伝統的権力ブロック」（traditional power bloc）に融合し、国家とその諸機関（大蔵省、イングランド銀行など）の内部に浸透・支配し、最終的には国家と政策を統制した。一八八〇年代以降、自由党は「国家に対する反逆」の罪により権力ブロックから追放されるのである。動機、方法や形態は異なるが、ホブソンもチェンバレンも権力ブロックに嚙みつき、傷ついた。評者には、これこそイギリス資本主義「特異性」論争の核心部分と思われる。本書で「権力ブロック」の正体が余りに簡単に判明したために、いささかがっかりした、というのが正直な気持ちである。但し、著者が把握される「権力ブロック」が妖怪の正体であるかどうかは疑わしい。

(三)　著者が権力ブロックに辿りつく出発点は、コーツ＝ヒラド編著に登場する「センターの見解」であった。そこでは保守的「イギリス的生活様式」、「産業上の訓練に不適確な教育制度」、つまり「反産業主義」が衰退＝危機の原因と診断されていた。もし著者が要約された内容がコーツの論点総括に依拠したものであるとすれば、問題の箇所は次のように表現されている。「国内需要水準の低位、無能な経営陣、職業訓練施設の不備、教育制度の欠陥、……政策決定における過大な権限集中（――これは大蔵省統制を指す。評者）」等々（Coats and Hillard, *op. cit.*, p. 268）。もしこの部分だけは『ハドスン報告書』に依拠するものだとしても、そこではイギリスが資本主義的近代化の最先進国であったこと、これを前提として生じたイギリス社会および国民性の、つまりイギリス資本主義全体の「アーカイックな型」、「イギリス文化の型」（ここには教育制度が含まれるが、それだけではない）が指摘されるのである。しかし、それは保守的・ジェントルマン的、「イギリス的生活様式」と同一ではない。実は、「センターの見解」は肝要の部分で先の「特異性」論争と重なっているのではあるまいか。著者に再検討をお願いしておきたい。

最後にいま一点。本書では、外国語文献に限りしばしば引用頁が特定されていない。これは自分の「読み方」、「理解の仕方」についての責任の問題である。今後の改善をお願いしておきたい。妄言多謝。

（一九九一年）

II

「最初の工業国家」の経済構造

十八世紀後半に始まるイギリス綿紡績業の「工場制度」の成立を起点として、産業変革の波は基本原料生産部門である製鉄業、基本エネルギー供給部門である石炭産業、労働手段生産部門である機械工業に波及し、まさに連鎖的・同時併進的に「国民経済」的規模における構造変革が達成され、イギリスは「最初の工業国家」となった。こうしたイギリスの工業化過程には、「離陸」の先行条件が国内的に準備されたという意味で自生的性格が強いこと、産業変革の担い手に注目すれば、そこには「小生産者的発展」のコースが貫かれていたこと、また経済構造の変革は農業から生産財生産部門に亘るオーバーロールな性格をもち、まさに古典的形態での資本主義的再生産構造の確立を表示するものであったこと、このような特徴を指摘することができよう。しかも「世界の工場」の内実は、早熟的工業化のゆえに「アーカイックな構造」を刻印され、二十世紀初頭に至ってもこうした性格が失われることはなかった。

本章で取り上げる産業部門は、石炭鉱業、鉄鋼業、銀行業の三部門にすぎず、イギリス資本主義の生産力的基盤とその独特の発展形態を知る上で最も重要なランカシャー綿業への論及を欠いている。一言すれば、綿業は両大戦間の衰退期に至るまで、ヨーマン(=小生産者)資本主義的性格を払拭できなかった。以下、先の三部門について、十九世紀イギリスにおける産業発展の足跡を辿ることにしたい。

一　若林洋夫『イギリス石炭鉱業の史的分析』（有斐閣、一九八五年）

1

本書は、著者の十余年に亘る北東部イングランド石炭鉱業史の研究成果を踏まえ、「産業資本確立期におけるイギリス石炭鉱業の理論的・実証的分析をめざし」（ⅰ頁）、第七章の一部を除き全面的に書き下ろされた作品である。まず、本書の構想を知るために編別構成の概略を示すことにしたい。

第一部　産業資本確立期におけるイギリス石炭鉱業の総括的分析
第一章　イギリス国民経済における石炭鉱業の地位
第二章　石炭鉱業の労働過程と労働手段体系の特質
第三章　石炭鉱業における労働力編成、管理組織および労使関係
第四章　炭鉱資本と鉱区所有——近代的鉱区保有権の確立
第五章　産業資本確立期における石炭鉱業の発展段階と展望

第二部　七大炭田の存在構造と初期鉱山立法
　第六章　七大炭田の存在構造と賃労働
　第七章　初期鉱山立法と炭鉱労働運動

　第二部は二つの章にすぎないが、分量は本書の過半を占める。十九世紀前半期のイギリス石炭鉱業を対象とするモノグラフとしては、わが国最初の単著といえる。しかし、個別産業部門の全体像をそれ自体として描いた産業史ではない。例えばイギリス石炭産業に関するネフやアシュトン＝サイクスの共著などの古典的研究を想起されたい。著者の問題関心(＝課題)は、石炭業を「産業資本確立期におけるイギリス国民経済全体のなかに正しく位置づけ、またその構造的特質の一部として積極的に規定する」ことにある。そのための「最も重要な方法的視角」が、「石炭鉱業＝『管制高地』論」である、と主張されるのである。余り聞き慣れない、しかし繰り返し登場するこのタームは、「石炭鉱業がイギリス製造業に対して『管制高地』(the commanding height of British manufacture) としての地位を占める」とするマクドナーの発想にヒントを得たものだとだけ説明されている(ⅱ頁)。ともあれこうした方法的視点に立って、一八四〇年代の一時点に焦点を絞り、「第一部／総括的分析＝総論としての理論的・方法的分析、第二部／主要な各論に関する個別的・実証的分析」(三一八頁)が果されることになった。

　著者の示唆に従って本書を貫く論理を辿ると、第一部は第二部第六章の大前提であり、第六章は後続する第七章における初期鉱山立法、とりわけイギリス石炭鉱業の資本主義的確立を表示する「社会的指標」たる「一八四二年鉱山・炭鉱法」の分析に収斂する仕組みとなっている（一四四頁）。なお各章末尾には、本書との比較においてフリンのモノグラフ『イギリス石炭産業史』第二巻（一九八四年）についての簡単なコメントが付されている。以下、2で本書の骨子を紹介し、3では評者の所感の一端を記すことにしたい。

2

まず第一章は、第一部の序論的部分である。「世界の工場」のエネルギー基盤である石炭業の地位を、世界石炭生産に占める比重、イギリス国民経済（国民所得、就業構造）に占める当該部門の位置、この二点から数量的に明らかにしている。著者は一八四〇年代初頭が「繊維工業段階」であるにもかかわらず、「基本的に生産手段生産部門における基本原燃料の基軸的地位が確立していた」（一二頁）とみている。続く第二―五章は「一八四〇年代初頭を中心とするイギリス石炭鉱業の総括的分析」（一五頁）の部分である。「総括的」とは、そもそもイギリス石炭業は立地＝自然的条件に規定されて多様な展開を遂げるが故に、本書では最先進地帯「北東イングランド炭田」を取り上げ、これを典型として石炭業の生産構造を分析したいという意味であろう。

第二章では、石炭業の労働過程と労働手段が、準備労働（試掘等）→基本労働（採炭・運搬）→補助労働（通気・排水・選炭）の三過程に即して実に詳細に叙述されている。ここで著者は、石炭業の基本的労働手段を「構築物」と把握する隅谷三喜男氏の所説を厳しく批判され、「筋骨体系と脈管体系の統一物」と規定さるべきことを強調されているが、評者には隅谷説がはるかに一貫しているように思われた。なお第三章を含め、ここでの分析の資料は「児童雇用委員会報告書」（後出）に大きく依存している。

第三章では、前章の労働過程に対応する労働力編成と作業内容が詳細に説明され、ついで経営管理組織の「三つの基本類型」（具体的には基幹労働力たる採炭夫、運搬夫の雇用形態）とその地域的分布、および管理職の職務内容が明らかにされている。最後に「労働協約」からみた労使関係の特徴が分析され、産業資本確立期の労使関係について以下の結論が下されているのである。「劣悪な労働環境と労働条件のもとで、いわゆる『原生的労働関係』の存在を通して、相互に潜在的ないし顕在的に鋭い対抗意識を醸成しつつ緊張した関係にあったことだけは間違いない」（九四頁）。

第四章は、炭鉱資本と鉱区所有者（鉱山地主）の鉱区賃貸借関係とその「近代化」を論じた部分である。著者は「近代的鉱区賃貸借権」の確立指標を定期リース契約と権利＝義務関係における「資本の優位」にあるとして、その優位が一八四〇年代頃までに確立しつつあった、と結論している（一二一―一二二頁）。

以上の考察を総括しつつ、第五章では石炭業における産業資本確立の諸指標が検討されている。著者は再び隅谷説(巻揚機起点→坑道(運搬)→切羽(採炭)への波及をメルクマールとする確立説)を一面的で「技術主義的」把握にすぎないと否定する。また個別産業部門への産業革命概念の適用を「混乱」と批判しつつ、しかし「イギリス石炭鉱業における資本主義的確立」を一八四〇年代半ばと規定された。その諸指標とは、基軸指標たる生産力段階規定からみると、「発達したマニュから『工場』へ移行する過渡期の初期段階」(因みに「工場」段階への到達は、実に一九三〇年代である)の出現であり、これに照応する対外的経済政策諸指標が石炭輸出関税引き下げと撤廃(一八五〇年)である。またその社会的指標は一八四二年鉱山・炭鉱法の成立であった(一四三—四四頁)。

第二部に移りたい。この部分は「管制高地」的地位の確立を踏まえ、「七大炭田の存在構造」を分析し、これを前提として一八四二年法の内容・背景・歴史的意義を解明しようとする長大な二つの章からなっている。第六章では、イギリス石炭業の多様な存在構造が七大炭田(北東部=ダラム・ノーサンバーランド、ヨークシャー、ミドランド、ランカシャー、スタッフォード、南ウェールズ、スコットランド)のすべてについて詳説されている。著者の関心は、各炭田が生産力的にいかなる発展段階にあるかを確定することである。生産力の四段階=類型(Ⅰ「初期マニュ」、Ⅱ「中期マニュ」、Ⅲ「発達したマニュ」、Ⅳ「『工場』へと移行する過渡期の初期段階」)を基準として、各炭田の生産力=経営類型が析出された(一六三頁)。しかしその分析結果は、Ⅳ段階にある北東部を除くと、Ⅰ—Ⅲの多様な段階=類型が各地帯に「同時に併存」していたにすぎない。類型検出の意味は何だったのであろうか。

次いで七大炭田分析の目的は、賃労働の存在形態を解明することにあるとされるが、これも前記の多様な生産力構造に対応して「一般的多様性およびいくつかの炭田にまたがる若干の共通性」(二二六頁)を示していた。ともあれこうした事情が鉱山立法に対し、「それぞれの炭田をかなり異なる利害状況に立たせた」のであった。

終章の標題は「初期鉱山立法と炭鉱労働運動」とあるが、紙幅の大半は石炭業に対する労働力保全法＝一八四二年法の成立経緯とその歴史的意義の検討に費やされている(「二条の系譜」のうち、炭坑保安立法と炭鉱労働運動については省略する)。その要点はこうである。第一に、トーリーの人道主義者アシュリーの提案によって、炭坑児童労働の実態調査のため「児童雇用委員会」が設置された。同委員会は一八四二年「報告書」において炭坑労働の「悪弊」を暴露するとともに、サブ・コミッショナー報告を通して労働力保全のため「立法的提言」を行なった。第二に、これを受けて婦人・児童労働禁止のためのアシュリー法案が議会に提案されたが、上院審議の過程で同法案は「原理的修正」を被り、「換骨奪胎」されて一八四二年法として成立した。第三に、このような一八四二年法の成立過程そのものに、つまり「立法的性格」の中に、石炭業が基幹産業として「管制高地」的地位を確立した事実が投影されている、これが本書の結論である。

3

周知のごとく、近年のわが国におけるイギリス近代史研究は、例えば世界経済との接点においてイギリス資本主義を論ずることが特徴的である。他方、個別産業部門を対象とする地道な基礎過程の研究は次第に閑却される傾向にある。著者はおそらくこのような研究史の現状を打破する意図を込めて、本書の執筆に取り組まれたのであろう。石炭業という対象に徹底的にこだわることによって、イギリス資本主義の本質に迫りうるとする立場、また本書が遺憾なく示しているように、第一次史料に徹底的にこだわることによって歴史像を再構成しようとする立場、評者はこうした著者の姿勢に深く共鳴するものである。その上で率直に所感を述べさせて貰えば、すべては「難解である」という一点に帰着する。そこで評者の理解能力を棚上げにして、難解さとその理由を考えてみることにした。

（一）　難解さの第一は、一方で史料に基づく極めて詳細な「史実」（しかもその内容は技術史である）が列挙されると同時に、他方で極めて抽象的な「理論」が詳論されている点である。史料とは、一八四二年の児童雇用委員会報告書であり、第二、三、六、七章は大きくこれに依拠している。厖大な報告書を精査し、その全容を紹介されたのは著者の功績といえよう。史的研究である以上、史料を渉猟するのは当然として、その活用の仕方にいま一つ工夫が必要だったのではあるまいか。第六章の統計表（表一六―二三）も報告書のそれを転載したものであるが、著者のテーゼを証明するためには、これらのデータを整理・加工する必要があったと思われる。抽象的理論の例は、第四、第五章である。著者は「『資本論』そのものの抽象性の次元を越えなければならない」（一〇一頁）と記されているが、例えば一二七頁に指摘されている「石炭鉱業における産業革命および産業資本の確立に関する把握の仕方」のすべてを、理論的根拠から導きだすことは容易ではないであろう。

（二）　著者は一八四〇年代初頭の一時点で「生産構造」の横断面を取り出し、生産力的変革→労働力編成→経営管理組織→炭鉱資本→鉱山所有という順序で構造変革の過程が解明されている。勿論、これに政策過程の新局面が対応するのである。仮にこれを構造分析と呼べば、評者が合点がいかないのは、この「構造」は産業資本確立期に固有のものとして一八四〇年代初頭の時点で整然と出揃ったものであろうかという点である。石炭業は伝統的産業であるだけに、先行段階＝構造との比較の観点を欠くと構造分析は単なる「図式」の説明に陥るであろう。具体例を挙げよう。著者は「労働協約」を素材として確立期の労使関係を分析し、そこに「原生的労働関係」を析出された。しかしこのような労働契約書とこれに基づく労使関係は、既に十八世紀にも存在していた。ロイヤリティの「近代化」の諸指標についても、同様のことが指摘されよう。こうした点でフリンの研究は、確立期の構造を把握するために比較の素材を提供しているのではあるまいか。

（三）　第三の理由は、史料の読み方と評価にかかわる。第七章を例に挙げよう。この章は本書全体に枢要の位置を占めるから、内容にも若干立ち入りたい。既に要約で示したように、著者は一八四二年法の成立過程を一八四〇年委員会設置→一八四二年報告→アシュリー法案→上院における「原理的修正」→制定法という順序で追跡し、その歴史的意義を把握された。

①　著者は委員会報告(その全文は二七項目の「摘要」として第二七表に記載)を検討し、「評価的分析」を行なっている。長文になるが一部を引用しよう。「この『二つの結論』の基調は、全体として逆説的である。……摘要項目六で『大多数の場合、通気と排水に関する炭鉱の状態はひどく不完全である』と把握し、しかもそれが過度労働とともに、坑夫の慢性的疾患のいわば二大原因の一つと規定したにもかかわらず、『この(＝運搬)労働による身体的傷害』の原因を『不完全な通気・排水』と切り離し、もっぱら『(就業)開始年齢の幼弱さと労働日の長さ』のみに帰着させているのはいささか整合性を欠く結論といわざるをえない」。「二つの結論」(二七項目の摘要の総括部分)は、「炭鉱労働のさまざまな悪弊を厳しく断罪した調査項目ごとの論調といささか異なって」いるが、それは「石炭鉱業のいわば戦略的＝『管制高地』的地位の前で多少なりともたじろいだものであろう」(二六〇頁)。

評者の知る限り、イギリス議会の報告書は概して論理は一貫しており、児童雇用委員会に限り逆説的であったり混乱したりするはずがない。実は著者が「二七項目の摘要」と呼ぶものは、委員会への「調査委託事項」のうち炭坑児童労働の「正確な現状」に関する限りでの委員会の「回答」である。「二つの結論」部分は、「炭坑雇用が児童の健康に及ぼす影響」に関する限りでの委員会の「所見」である(cf. First Report of the Commissioners, p. 261)。委員会は「二つの結論」でこの影響を（a）「場所」、

（b）「労働」に区分して考察し、前者について「適切な通気・排水」がなされている炭坑は健康に影響なく、後者についても「不完全な通気・排水から生ずる身体的損傷を別にすると」、労働そのものは若年就労を除いて児童の健康に影響しないと述べているのである。しかし、少数ながら人間の「労働場所」として改良不能の炭坑が存在しており、こうした場所での労働は必然的に児童の健康を損なう、と結論しているのである。次に委員会の「正確な現状」を示すはずの摘要六をみよう。

委員会のえた「結論」は、技術と資本で炭坑を健康かつ「安全」にすべく多大の努力がなされ、またこれに成功しているが、「これまで知られている方法では、炭坑を完全に安全にすることは実現可能とは思われない」。従って現時点で人為的に排除しえない「不完全な通気・排水から生ずる」影響を除外すると、炭坑は場所についても労働についても、児童の健康を損なうことはない、これが委員会の「所見」である。明らかに委員会の結論は一貫しており、「悪弊」を断罪したり、通気と排水を疾患の原因と考えたり、法的規制を企図するものではなかった。著者はサブ・コミッショナーの「立法的提言」など一顧だにされていない点に注目すべきであった。なお、委員会の結論が「管制高地」的地位に「たじろいだ」ものでなく、このような「回答の性質」によるものであることは詳論を要しないであろう。

②　以上から、児童雇用委員会の性格をどのように捉え、アシュリー法案との関係をどのように考えるか、という問題が引き出される。評者の結論のみを述べると、委員会は当初から委員会設置の提

案者たるアシュリーの党派的立場と意図(トーリーの、しかも十時間運動のスポンサーとしての立場)に警戒的であるばかりか、敵対的立場に立っていた。従って委員会報告書とアシュリー法案の間には、たまたま報告書資料が大きな社会的反響を巻きおこし、期せずしてアシュリー法案提出のチャンスを与えたという点を除くと、両者の間には断絶があるだけだ、ということになろう。

③　次に著者はアシュリー法案の「原理的性格」を強調され、上院審議の過程で「原理的修正」を被り、成立した一八四二年法は原案が「換骨奪胎」されたものとしている。しかし上院審議で修正された条項をみると、例えば児童雇用年齢が十三歳から十歳に引き下げられているだけであり、すべて程度の問題に過ぎない。他方、もしアシュリー法案の原理的性格を語るとすれば、それは「自由な行為主体」(free agent)たる成人婦人の雇用禁止を含んでいたことであろう。しかもこの条項は削除されることなく、一八四二年法に継承されている。因みにアシュリーは「婦人を救うため児童を犠牲にした」(W. Page, *Commerce and Industry*, p. 210)と述べ、公然と成人労働時間規制に乗り出すのである。評者には、一八四二年法がアシュリー法案の「換骨奪胎」であったとは考えにくい。

(四)　最後にいま一点。著者の「方法的視点」は、一八四二年法成立過程の把握にどのように貫かれているであろうか(付言すれば、評者は、上院での修正理由は単にロンドンデリーがゴネただけであると考えている)。著者が第一部で「管制高地」的地位の確立を、第二部で七大炭田の利害対立を分析されたのも、ひとえにアシュリー法案から一八四二年法への「原理的修正」とその理由を合理的に説明するためであった。評者もこの論点に注目し、本書を検討したのである。ところが実際には、イギリス国民経済における部門間利害配置も、石炭業内部の地域的利害対抗関係も十分検討されることなく、以下の「結論」が下されるのである。「『一八四二年鉱山・炭坑法』のかかる立法的性格は、ブルジョワジー、なかでも製鉄業利害、およびとくに繊維大工場主の一方での産業部門間の『競争条件の平等化』の要求と、他方でのエネルギー・コスト上昇圧力の回避という相矛盾する利害と炭坑・鉱山業利害との妥協の産物であった」(二〇一頁)。これは本書の肝要の部分である。われわれは著者の「最も重要な方法的視角」をどのように理解したらよいのであろうか。

以上、本書を貫く著者のチャレンジングな姿勢に共感するが故に、敢えて若干の愚見を述べた。ただ、フリンの著作については、単に本書との「共通点」を確認するだけでなく、「対立点」からも多くのことを学んでほしい、これが評者の偽らざる気持ちである。

(一九八五年)

二　安部悦生『大英帝国の産業覇権』（有斐閣、一九九三年）

1

著者は、イギリス鉄鋼業史について数多くの優れた業績をもつ、気鋭の経営史学徒である。これまでの諸研究を基に、視圏を両大戦間期まで広げ、構想新たに執筆されたのが本書である。ところで現代イギリス経済の一層の地盤沈下を背景として、その資本主義像の塗り替えが進行中である。「ジェントルマン資本主義」論によれば、イギリス資本主義の主軸は農業→シティ基盤の商業・金融活動にあり、産業（＝狭義の製造工業）はこのような資本主義編成の底辺に位置するにすぎない。「歴史の起動力」を工業化に見いだし、国内工業の生産力（＝競争力）に即してイギリス経済覇権の内実を把握しようとする点で、著者の立場はジェントルマン資本主義論者の対極にある（四―六頁）。

鉄鋼業はランカシャー綿業とともにイギリス産業覇権を支えた基幹産業である。しかし、一八七〇年代を境とする米独鉄鋼業の興隆により「世界の製鉄所」の国際的地位は急速に低下し、戦間期に至り「文字通り『イギリスの製鉄所』へと変貌を遂げた」（一〇九頁）。鉄鋼業はまさにイギリス産業覇権の動揺と後退を象徴する部門といってよい。「ヨーロッパからアジアに及ぶ経済的覇権を握ったイギリス経済はなぜ衰退して行ったか」、その生産力的優越性の喪失は果して避け難いものであったのか否か、——鉄鋼企業の経営活動分析を通して「イギリス経済覇権の喪失」に新たな照明をあてること、これが著者の課題である（一頁）。

まず本書の構成を示そう。

プロローグ　産業覇権の転変——本書の視点
第一章　寒村から「世界の工場」へ／産業革命期の企業家クローシェイとゲスト
第二章　イギリス鉄鋼企業の軌跡／浮沈の五十年
第三章　停滞するヴィクトリア後期の鉄鋼企業／ヴォルコウ・ヴォーン
第四章　両大戦間期の苦悩する鉄鋼企業／ドーマン・ロング
エピローグ　イギリス企業の戦略と組織、そして経営風土——ジェントルマン資本主義？

みられる通り、イギリス鉄鋼企業の長期的変動（＝「マクロ的特質」）を概観した第二章を除くと、産業革命期、ヴィクトリア後期、両大戦間期をそれぞれ代表する鉄鋼企業四社のケース・スタディが配置されている。本書を理解する鍵は二つの方法的視点にある。第一は、経済発展の原動力は「ミクロの企業活動」にあるとみなし、その諸側面（「個々の企業はどのようにして市場を分析し、戦略を設定し、組織を構築したか」)から「競争の基盤」に迫ろうとする視点である。第二に、では企業活動分析の「焦点」は何か。本書の事例研究が明示するように、同時代の同じ「経営環境」下にありながら、一方は成長・発展し、他方は衰退・没落する。この差異を生み出したのは各企業の戦略的な「経営意志決定」の在り方である。従って、経営組織＝「意志決定機構」の「仕組みと特質」および「意志決定のプロセス」の解明こそ、個別企業分析の焦点でなければならない。こうして著者は経営組織(就中、トップ・マネジメント)に関心を集中しつつ、企業者活動の成功と失敗、ひいては産業覇権の行方を左右した諸要因は何かを明らかにしようとするのである(三―四、一五九―六〇頁)。

2

以下、第二の視点に注目して本書の内容を紹介することにしたい。第一章は産業革命期イギリスを代表する南ウェールズの巨大製鉄企業、クローシェイとゲスト(ダウラス製鉄所)の企業活動の比較分析である。両者は十九世紀中葉まで雁行して発展を遂げるが、以後、クローシェイは没落しゲストは発展を持続する。ほぼ同一の経営環境に置かれながら、経営発展の明暗を分けた理由は何か。この時期、南ウェールズ製鉄業の立地条件は次第に劣悪化しつつあり、折から進展しはじめた技術革新(＝製鋼革命)に対応するには、部門転換→「製鉄所近代化投資」を不可欠とした。結論をいえば、クローシェイは工業投資を中止し、証券投資を拡大しつつランティエ化する。他方、ゲストは、積極的に近代化投資を敢行しつつベッセマー製鋼企業に転進するのである。かくて次第に顕著となる両者の「収益率」の開差は、投資行動→投資選択の帰結にすぎなかった。両者ともにパートナーシップ制による同族企業であったが、ダウラスでは「所有と経営の分離」が進展し、「雇われ経営者」(=専門経営者)の台頭が認められ、彼らの利害(企業拡大→経営報酬増加)が近代化投資の原動力となったのである(五二―三頁)。

第三章。北東イングランドの新興ボルコゥ・ヴォーンは、世紀後半にイギリス最大の銑鉄企業に成長するが、一八八〇年代末から「企業者活動の面で様々な弱点を露呈する」ことになる。この停滞は当該期に急成長を遂げる域内後発企業ドーマン・ロングと際立った対照を示す。技術戦略、経営組織、企業金融の三点からボルコゥ企業者活動に伏在する問題点をえぐった本章は、分量からも完成度からも本書の中心といえる。また第二節「取締役会における政治力学と組織体質」から検出された「特殊イギリス型経営組織」(二〇一頁)は、著者の立論全体を支えるキー概念である。一八八〇年代まで先進的技術革新(塩基性転炉法など)を導入してきたボルコゥは、やがて世界の主流となる塩基性平炉製鋼への転換に立ち遅れ、これが世紀転換期の停滞につながるのである。イギリス企業において企業戦略・政策を「決定」、「指揮・監督」するのは取締役会であり、職員(経営実務家、専門経営者)は忠実にこの決定を「執行」するのである。しかし職員層トップは総支配人として、企業によっては「専任」取締役としてトップ・マネジメントの一員となり、「意志決定の仕組み」に関与する。ボルコゥ経営組織の問題点とは、鉄鋼業について技術的・専門的知識を欠く綿業関係者、いわゆる「マンチェスター・サークル」が「職業的（兼任・不在）」取締役として取締役会（＝意志決定機関）を支配したことである。職員が内部昇進し、「専任」取締役となるルートを欠くボルコゥの場合、技術（→投資）戦略の決定に総支配人の意見具申が重要となるが、彼らの判断が政策決定に反映される機会は乏しかった。「特殊イギリス型経営組織」（「職業的取締役が盤踞する経営組織」）の存在、トップ・マネジメント構造における取締役と職員の間の階層的「断絶」、こうしたボルコゥの「企業組織上の弱点が戦略上の誤謬を誘発した」（二一五頁）のである。

第三節「イギリス金融市場とボルコゥの財務政策」では、工業と金融の乖離というイギリスの経済的衰退をめぐる核心の論点に、鉄鋼企業の側から一つの重要な結論を引き出している（産業と金融の関連をめぐる最近の論争については、以下を参照されたい。M. Collins, *Banks and Industrial Finance in Great Britain, 1800–1939*, 1991; F. Capie and M. Collins, *Have the Banks Failed British Industry?*, 1992）。周知のように、イギリス銀行や金融市場は産業金融にバイアスがあり、長期資本調達の困難が工業的衰退の原因となったのではないか、これが主たる論争点である。後章のドーマンとシティの関連に論及した部分を含め、本書の分析結果をみる限り、ナショナル・プロヴィンシアルなど銀行側はこの要請に十分応えていた。従って「金融市場は企業成長への障害」ではありえず、停滞の責任はあくまでボルコゥ経営組織にある、これが著者の結論である（二六九頁）。

最後にドーマンを分析した第四章。この章の叙述は戦前期の急成長、戦後「暗黒の十年」における成長戦略の失敗、世界恐慌を背景とする危機と保護体制下の合理化・再建と多岐に亘る。しかし本書の基本視角からすれば、ボルコゥ停滞との比較において戦前期ドーマンの急成長とその要因を探ることこそ肝要ではあるまいか。ドーマン発展の諸要因は、徹底した新技術(塩基性平炉鋼)への転換、製品戦略における「前方多角化」、高炉企業ベルとの提携による「後方統合」、広大な海外販売ネットワークの構築などである。成長戦略の成功は、創業者アーサー・ドーマンのリーダーシップと経営組織の革新性にある。ボルコゥと比較すると、当初取締役数は少なく(五名)、経営実務家が内部昇進制度により「専任」取締役に就任し、戦略・政策決定に参加していた。しかし、戦中・戦後の推移をみると、ボルコゥ合併など成長戦略を追求する過程でドーマンは次第に組織の革新性を喪失して行くのである。他社の合併を契機に「職業的」取締役数がふえ、職員層の内部昇進ルートは閉ざされ、結局「通常のイギリス企業の取締役会と同じ形態」に立ち戻るのである(三九〇頁)。この過程は、ドーマン停滞↓危機の発現と表裏一体であったと読み取れる。「発展のなかに潜む衰退への傾向」(二頁)とは、このようなイギリス企業成長の在り方とその矛盾と理解したい。鉄鋼企業の経営環境は、戦中・戦後に激変した。率直に評すれば、本章はドーマン経営史上の事件史の整理に追われ、分析に深みを欠くとの印象が強い。

エピローグ。イギリス経済はなぜ衰退したか、——企業経営史の立場から、その原因を解明することが著者の課題であった。現在有力とされる説明にチャンドラーの企業組織論（＝「同族企業主犯」説）、ラゾニックなど歴史制度学派の「制度的環境の障害」説、ウィーナーの文化史的解釈などがある。著者はこれらの諸見解を批判しつつ（否定ではない）、自己の見解を対置している。要点はこうである。鉄鋼企業の分析結果からみると、成長の停滞は「戦略」の失敗に起因する。戦略の失敗はチャンドラーのいう企業組織によるのではなく、イギリス型経営組織における戦略・政策決定の誤謬による。問題の核心はイギリス型経営における意志決定の「仕組みと特質」、つまりトップ・マネジメントにおける職業的取締役と経営実務者との間の「断絶」にある。この断絶は何に由来するのであろうか。

著者によれば、イギリス社会の基底にある反ビジネス的文化構造、この基盤の上に成り立つジェントルマンと非ジェントルマンを区別する階級分断的社会構造、このような企業風土の投影が「企業家のジェントルマン化」とイギリス型経営組織であった。この意味で「ジェントルマン的資本主義はイギリス資本主義の特質を表現する」のである。イギリス経済の衰退は単一の要因によるものでなく、以上に指摘した「これら様々な条件の合成の帰結」（四一二頁）である。とはいえ著者の原因論において、イギリス型経営組織は「産業覇権の転変」と「経営風土」をつなぐ環であるといえよう。

3

以上は1に述べた個別企業分析の「焦点」に注目し、しかも「衰退」にアクセントを置いた論旨の紹介にすぎない。本書のいま一つの側面、即ち鉄鋼企業家(総支配人など専門経営者を含む)と彼らが展開した企業者活動の興味深い実態分析には論及していない。この点をお断りした上で、以下に評者の所感を述べることにしたい。

本書の意義は、まず第一にイギリス鉄鋼企業の経営実態を、しかも長期に亘る展開を克明に実証した点にある。経営史料(「カヴァースヴァ文書」、ボルコウ、ドーマン「取締役会議議事録」、「年次報告書」など)の広汎な渉猟と周到・綿密な分析、こうした点で経営史家としての著者の力量を示す労作といえよう。イギリス鉄鋼業史には、産業革命期、世紀転換期、両大戦間期それぞれに系列の異なる研究史があり、その全体を見渡すこと自体が容易ではない。著者はこの全領域を視圏に取り込み、一つの全体像構築を試みており、この点も重要な貢献である。

第二は、本書の研究史上の位置である。鉄鋼業の「衰退」(端的に国際的地位の低下)は、それがイギリス国民経済の命運を左右する戦略的産業部門の弱体化であるだけに、同時代人の注目の的となり、今日に続く論争史が形成された。論争史上の古典がバーンの研究であろう。そこでは企業家の「有罪」(一三一頁)が結論されている。以降の論争はバーン説を軸に展開され、近年の諸研究(マクロスキー＝

計量経済史、ラゾニック＝歴史制度学派など）は、企業家の無罪を主張するものであるといえよう。事例研究という「伝統的方法」に依拠した著者の結論は、企業家「有罪」論であり、この意味でバーン説を再確認するものである。但し、有罪という結論それ自体は、経営環境に対する企業家の対応、その「選択の有効性」の検証こそ経営史学の固有の任務とみる著者の立場により決定済みである。従って本書の意義は、「結論」それ自体にあるのではない。

第三に、著者が最も注目し、評価するのは有罪論の論証の仕方のユニークさにある。先に論及したように、著者にとって「経営組織」と「意志決定の仕組み」こそ問題の焦点であった。狙いは「経営組織」の独自性を強調することにより、チャンドラーの「企業組織（原因）論」→「同族企業主犯」説を修正する点にある。しかし、衰退の複合的要因の把握において企業組織と経営組織の区別を強調されているにもかかわらず（四〇五―六頁）、個別企業分析の結論としては、「企業組織」の弱点や欠陥が重視されているかにみえる。衰退要因との関連で、二つのキー概念はどのように絡みあっていたのであろうか。

さらに一点。鉄鋼企業の経営組織、その構造と特質から産業覇権ないし経済覇権の転変を探るには、新・旧産業、さらには商業・金融セクターとの比較が必要であろう。この点でカシスのイギリス株式預金銀行の分析はまことに示唆的である（Y. Cassis, 'Management and Strategy in the English Joint Stock Banks, 1890–1914'. *Business History*, XXVII, 1985）。カシスの分析結果は、「職業的」取締役による取締役会の構成、これと銀行経営実務家＝総支配人の関係（戦略・政策決定とルーティン・ワーク的銀行業務執行の関係）、さらにまた銀行業におけるイギリス型経営組織を階級分断的社会構造の投影と捉える点で、本書におけるボルコゥの分析結果と強い共通性を示す。しかし、株式銀行の場合、この経営組織は衰退要因であるどころか、当該期における銀行業成長・発展の礎石であった。何故であろうか。

以上、経営組織にこだわった小文が本書の誤読でないことを念じつつ擱筆する。　（一九九四年）

三　神武庸四郎『銀行と帝国』（青木書店、一九九二年）

1

著者神武氏が、資本輸出を軸とする「世界の金融中枢」＝ロンドン・シティの対外活動の軌跡を克明に分析し、十九世紀後半から第一次大戦にいたる「パックス・ブリタニカ終焉」の歴史過程について、まことに問題提起的な一書を上梓されてから十年余となる（『イギリス金融史研究』御茶の水書房、一九七九年）。この間、氏は前著（第四編第二章「シティとケインズ——第一次大戦後のイギリスにおける本国＝植民地金融関係をめぐって」）から引き出された新たな研究課題について、幾つかの論稿を公表されてきた。本書は、「現時点における総括」という立場から体系化した、極めて高度な内容のモノグラフである。高度という意味は、まず内外の研究史を批判的に検討しつつ「問題の所在」を明らかにし、「発見された問題」を絞り込み、その上でイギリス公文書館文書を含む厖大かつ多様な史料を精査し精確に「解読」するという、実に困難な作業が踏まえられているからである。銀行史としては異色と思われるので、まず最初に本書の構成を示しておきたい。

第一部　分析視角と歴史的背景
　第一章　分析視角と対象限定
　第二章　ジョプリンにおける合本銀行の構図
　第三章　イングランドにおける株式銀行の成立
第二部　「銀行統合運動」の展開
　第一章　「銀行統合運動」の展開
　第二章　ＤＣＯの発展傾向とグッドイナフの立場
　第三章　第二次大戦後におけるイギリス株式銀行の発展傾向
第三部　「銀行統合運動」をめぐる本国と植民地
　第一章　「帝国通貨証券」構想の主内容
　第二章　一九二三年の帝国経済会議
　第三章　オーストラリア連邦銀行法
　第四章　「分離」と「統合」
エピローグ　残された問題　株式銀行と国内産業資本との関係に寄せて

本書の課題は、イギリス株式銀行（制度）の特質を解明することにある。その際、著者はイギリス国民経済の形成と発展を特徴づけた「帝国」が、株式銀行の史的発展においても決定的役割を果した事実に注目するのである。「イギリス株式銀行は英帝国という歴史的存在に媒介されてはじめて成立し発展することができた」(一六頁)。「銀行と帝国」――研究史上ほとんど意識されることがなかったこうした方法的視点に導かれて、両大戦間期、とりわけ一九二〇年代に高揚した「銀行統合運動」(バスターの命名による)の全体像を描きだしたのが本書である。以下、評者の関心に引き寄せ、内容を紹介することにしたい。

2

第一部の主題は、後に「銀行統合運動」の担い手となるイングランドの株式銀行の成立過程を跡づけることにある。イギリス株式銀行とは、厳密には「業務面における預金銀行という性格、経営面における支店制および会社組織における株式会社形態」(四〇頁)の三要素を結合した「支店制株式預金銀行」であるが、このような特性をもつ銀行はいかにしてイングランドに出現したのであろうか。

その発生史は産業革命期の末期、ニューカッスルに登場する銀行家ジョプリンの「合本銀行」構想に遡る。彼は無限責任制パートナーシップの個人銀行およびイングランド銀行の株式銀行「独占」というイングランド銀行組織の後進性を打破するため、スコットランド銀行制度をモデルとする「新しい銀行」設立を企図したのである。それは、①パートナー数に制限のない「合本」制、②専門的銀行家による独自の支＝本店経営管理制度を伴う「支店」制、③業務面では「正規の銀行業務」（預金ないし商業銀行業務）を特徴とした。これらの新機軸、とりわけ②は、無限責任制という法制の欠陥を、銀行組織（および支店数の拡大）により代位させる意図をもった。

以後、イギリス株式銀行はこの「原像」に孕まれた「独自の銀行類型」（＝型）を継承して行くのである（第二章）。ジョプリン構想はさしあたりイギリス合本銀行に結実するが、肝要の点はこの計画が同時代の植民地オーストラリアにおいて一層発展させられたことであろう。「オーストラリア植民地はジョプリンの合本銀行設立計画の実験場」（四九頁）であった。なぜならば、イギリス系植民地銀行は特許状により「追払債務」（実質的「有限責任制」）を認められ、合本銀行は事実上「株式銀行」に転成したからである。一八七九年の改正会社法は銀行業に有限責任制を認め、ここに支店制株式預金銀行の「原型」が成立した、という意味でイギリス銀行史上の一大画期をなすが、この法改正は植民地における「実験」の成果を接ぎ木したものに他ならなかった（第三章）。以上の論点は「英帝国を包括したなかでイギリス銀行・金融史を跡付ける」（六頁）必要を明示しており、株式銀行の成立過程について全く新たな見方を提示したものといってよい。

第二部は先にみた株式銀行の成立と発展を踏まえ、同時に現代株式銀行の多国籍化を視野に入れ、「銀行統合運動」の歴史的内容とその意義を明らかにした部分であり、本書の中心をなす。まず、統合とは本国株式銀行と植民地銀行の合同系列化を指す。運動高揚の契機は第一次大戦であり、それは政治的にも経済的にも本国＝植民地間の帝国的結合関係を著しく強化した。その金融的側面が銀行統合である。いわゆる五大銀行は国内独占体制（合同→全国支店網の形成）成立を背景として海外業務を展開するが、著者は個別銀行レヴェルでその方向と形態を追跡し、銀行統合運動の「主役」がバークレーズであると結論している。因みにミドランドはコルレス関係拡大型、ウェストミンスターは西ヨーロッパ型、ロイズは非公式帝国型である。アフリカ全域から西インドに至る英帝国圏全域に基盤を構築した「史上最大」の帝国銀行「バークレーズ（DCO）」（一九二五年）こそ、「銀行統合運動と名づけられた歴史過程の中心的存在であった」（八一頁）。それは他ならぬジョプリン計画の帝国的規模における実現であった（第一章）。

ところでバークレーズの海外展開は、これを主導した同銀行頭取グッドイナフの思想と切り離しては論じられない。彼は「英帝国における銀行組織の拡張と固定為替相場の維持」こそ、チェンバレン流の特恵に優る帝国統合の方法と確信していた（九七頁）。こうした政策志向の本質を著者は「金融的帝国主義」と名づけている（第二章）。最後に、以上の銀行統合運動の影響は、第二次大戦以降における株式銀行の多国籍化の在り方に及んでいる。「コンソシアム型」国際化を志向するミドランドに対比して、バークレーズのそれは「支店制型」と把握することができる。バークレーズ・インターナショナルの国際金融業務は英連邦内に配置した支店を拠点とするが、それは「DCOの組織を忠実に継承し発展させた所産に他ならなかった」（第三章）。以上の第二部は、金融的側面から両大戦間期の帝国統合史を解明するものであり、研究史の新たな領域を切り開いた業績と評価しうる。

銀行統合を推進したグッドイナフの「金融的帝国主義」は、いま一人の銀行家ダーリング(ミドランド)に「接ぎ穂」され、帝国レヴェルの政策論争を引き起こした。第三部はダーリング提案をめぐる論争とそこに見いだされる植民地側の「自立」志向、著者の命名に従えば「銀行分離運動」(金融的ナショナリズム)とその行方を考察している。まず著者はダーリングの「帝国通貨証券」計画を検討し、その政策的意図が「英帝国を構成する諸国の対外均衡の回復を通じていわゆるポンド体制の復活――しかも英帝国圏におけるその再編成――」(二一二頁)にあったことを示す(第一章)。

ダーリング提案を討議したのは一九二三年の帝国経済会議であるが、植民地諸国はこうした提案にいかなる反応を示したであろうか。結論のみを記せば、一つは本国の金融的支配に対し「自立」→「分離」を志向するオーストラリアの立場である。討議は「オーストラリア自身の経済的利害」に立脚する金融的ナショナリズムの存在を浮き彫りし、そうした方向性が一九二五年、さらに一九四五年の連邦銀行法改正を導いたのである(第三章)。いま一つはその対極的立場に立つ南アフリカ連邦である。一九二四年の南アにおける金本位制論争は図らずもこの植民地における金融的ナショナリズムの欠落、逆にいえば「統合(＝金融的帝国主義)への同調」を証明する機会となった。これを規定したのは、バークレーズ(DCO)を中核とする金融的紐帯の存在、ならびにこれに密着する経済的諸利害の政策志向である。以上、株式銀行を中核とするシティ金融権力の「帝国主義」とその歴史的帰結を展望した第三部は、理の当然とはいえ、バスターの研究を乗り越える内容となっている。

3

最後に評者の抱いた若干の感想を述べておきたい。

(一) 「ジェントルマン資本主義」論争が示す通り、現在ロンドン・シティとその対外経済活動(敢えていえば「シティ資本主義」)の研究は未曾有の活況を呈しているといってよい。本書の「エピローグ」はそうした論議の一端にかかわる(問題の全貌はさしあたりカシスの研究動向紹介を参照。Y. Cassis, 'British Finance: Success and Controversy', J. J. van Helten and Y. Cassis (eds.), *Capitalism in Mature Economy, 1870–1939*, 1990)。論争の一焦点は、シティ金融利害の社会的地位、政治的影響力、政策決定過程への関与の仕方である。本書が取り上げた株式銀行系銀行家は、支店数増大→規模拡大→資金力増大にもかかわらず、シティにおいて全くマイナーな地位と役割を与えられたにすぎないとみられる。この点は「シティ金融権力」の内実をいかに把握するかにかかわり、その実態は有力マーチャント・バンカーとされている。第一次大戦を境として、シティ金融権力の性格に決定的変化が生じたのであろうか。

(二) 著者の立脚点は、端的に「発生史」的方法である(ホブズボウム『産業と帝国』の「訳者あとがき」を参照)。著者は一九八〇年ウィルソン委員会証言録のバークレーズ銀行=「支店制」型から出発し、発生史的方法によりジョプリン構想に辿り着き、その歴史的意義を明らかにすることができた。同時にこの方法は、「問うに値する問題」を「消去」する危険性を伴うであろう。一例を挙げたい。シティに盤踞した「オート・バンク」は、この銀行統合運動に対しいかなる立場を取ったのであろうか。

（三） 本書が両大戦間期の金融的帝国コネクションの解明に大きく寄与する業績であることは繰返すまでもない。著者の「対象の限定」からすれば、主題を外れるであろうが、金融的統合は帝国統合の一側面にすぎない。例えばドラモンド（I. M. Drummond, *Imperial Economic Policy, 1917–1939*, 1974）が明らかにしたように、帝国統合の全体像は多様な側面を伴っている。またオタワ体制に帰結した帝国統合は、少なくとも外形は「チェンバレン流」路線の延長線上に位置する。金融的帝国統合論の位置と役割はどのように評価さるべきであろうか。

（四） 著者が本書で強調されたアプローチの一つは、「銀行家の役割」ないし「思想」（政策構想）である。ホールデン、グッドイナフ、ダーリングなど株式銀行系「シティ帝国派」バンカーに共通の政策志向は、詳論するまでもなく帝国統合である。他方、個別の株式銀行の海外展開は多様な形態をとった。著者の論理からすれば「主役」（バークレーズ）を突き止めることで十分かもしれないが、バスターの著作が示唆するように、帝国統合論の裾野はより大きな広がりをもっていたように思われる。

（一九九三年）

III 「植民地的帝国主義」の海外支配

ヨーロッパ主要国と比較してイギリス近代史の際立った特徴は、この国が海洋国家の地位を占めることによって、海外に巨大な「帝国」を建設したことであろう。周知のように、レーニンはイギリス資本輸出の植民地集中を論拠として、この国を「植民地的」帝国主義と名付けた。しかし、イギリスの海外膨張は「帝国主義の時代」に限られない。それは十六世紀に始まり、旧植民地体制、自由貿易体制下にも持続し、その版図は両大戦間期に極大化した。海外支配ないし統治の形態は、非公式帝国を除くと、自治領、自治植民地、直轄植民地、保護領、インドなどまさに「精巧なモザイク」の様相を呈した。

以上のイギリス植民地帝国の構造を大局的にみれば、それは二つの焦点をもつ「楕円構造」と捉えられよう。一つは移民によって形成された自治領であり、いま一つはインドを頂点とする属領(その裾野はアジア一円に広がる)である。当面、第一次大戦までの時期において、帝国体制を対自治領を中心に構成するか、対インドを枢軸とするかが一大政治争点をなしたが、視線の当て方によってイギリス帝国史像は著しく異なったものとなろう。それは以下の書評が示す通りである。なお、イギリス帝国のこうした二重構造、換言すれば「コモンウエルス—帝国」(commonwealth-empire) 構造は、第二次大戦後の帝国解体まで解消することはなかった。

一　木村和男『カナダ自治領の生成』（刀水書房、一九八九年）

1

最初に、評者は本書の主題とする英米加三国関係史の一端、つまり英＝加関係については著者と関心を共有するが、固有のカナダ史については全く門外漢であることをお断りしておきたい。非専門家の眼に映ったカナダ（以下、この名称は本書の対象とする時期の英領北米植民地を指す）の国家的自立のイメージはこうである。第一に、カナダは一八六七年「連邦結成《コンフェデレーション》」により自治領を結成し、曲がりなりにも主権国家として政治的自立を果す。当時、自治領カナダは移住植民地のなかでも別格の地位を意味した。これを前提として一八七九年「ナショナル・ポリシー」を確立し、植民地保護主義を武器として独自の「国民経済」建設を志向する。事実、二十世紀初頭には曲がりなりにも経済的自立を達成した。確かに、カナダは外交・防衛をパックス・ブリタニカに依存する自治領という名の植民地にすぎない。対内的にも政治的・経済的「地域主義」による分裂を一挙に克服しえたわけではない。

国家的自立の程度と内実が問われるとしても、上記二点こそ北米植民地から国家的発展へというカナダ史上の分水嶺をなす、と。

かつて両大戦間期のイギリスで帝国ブームが発生し、「イギリス帝国」の名を冠した夥しい数の書物が溢れたことがある。それらは押し並べてカナダ自治領の創設をイギリス植民地史上の新機軸と讃え、「最年長の植民地」たるカナダは、コモンウエルス諸国の国家的自立に「一つのモデル（範例）」を示したと強調した。そこでは「財政自主権」（fiscal autonomy）を実質化する上でカナダが果した先導的役割が特筆されている。「カナダが導くところに諸他の自治領は従った」（A. Zimmerman, *The Third British Empire*, 1934, p. 24）のである。本書はこのような通説的カナダ史像に真っ向から異議を唱えた作品といえよう。

さて本書は、この十有余年カナダ史研究に沈潜された著者が、すでに発表された論稿の一部を補正し、集成されたものである。新稿一編を含む本書の構成は以下の通りである。巻末には索引と文献目録が付されている。

序
第一章　イギリス「旧植民地体制」の崩壊と北米植民地
第二章　連邦結成とイギリス帝国利害
第三章　一八七一年英米ワシントン条約とカナダ問題

第四章　J・チェンバレンと米加漁業紛争（一八八七―八八年）
第五章　一八九一年カナダ総選挙と米加通商同盟運動
第六章　一八九四年オタワ植民地会議における帝国通商同盟論争とイギリス政府
補　論　一八六五年連合カナダ議会における「連邦結成論争」

最初に、序、各章「はしがき」、著者の別稿（「カナダ経済の発展」、大原・馬場編『概説カナダ史』有斐閣）を手懸かりとして、本書の課題と方法を探っておきたい。対象とする期間は一八四〇年代から九〇年代中葉に至る十九世紀後半期である。四〇年は連合カナダが発足する年であり、九〇年代中葉はカナダ保守党の支配が終焉を迎える時点である。しかし、著者が注目するのはカナダ史上の史実ではない。始期にイギリス「自由貿易帝国」政策のカナダ支配開始、終期にアメリカ門戸開放帝国主義によるカナダ包摂が時期区分の指標として挙げられている。この期間に「カナダの北米大陸における独自の国家的存在がほぼ確定された」（iii頁、傍点は筆者、以下同様）のである。

第二に、ではこの間、右の国家的存在を規定した要因は何か。カナダはイギリスの公式植民地として、同時にアメリカの非公式植民地として「二重の帝国的従属関係」に置かれていた。カナダは英米二極の「帝国的経済中心地」（メトロポリス）に対し、「従属的植民地」（サテライト）であり続けたのである。他方、カナダ（連合カナダ、後のオンタリオ・ケベック二州）自体も、「中央カナダ帝国」として国内サテライトたる西部農業諸州、東方沿海州に向けて支配＝従属の連鎖を不断に拡大していく。当該期の「カナダの生成」とは、国際的・国内的帝国＝植民地関係が拡大再生していく過程に他ならない。そして、重層的支配＝従属の結節点には、植民地政府と癒着した特権的支配層「金融＝鉄道＝商業利害」が介在する。以上の関係を一言にすれば、従属的発展と呼ぶことができる。本書は、カナダにおける従属的発展のシェーマの実証に捧げられている、といってよかろう。従って連邦結成やナショナル・ポリシーは国家的自立の一階梯であるどころか、カナダの植民地的従属の段階的深化を表示するメルクマールに他ならなかった。

第三に、以上のカナダ史像把握から容易に想像されるごとく、カナダの生成を解く著者の視点は「発展の国内的条件」にではなく、「外圧」、つまり英米両国の対加政策に向けられることになる。「カナダの発展は国内での自生的あるいは自律的要因にもまして、北米大陸の北半分の領有をめぐる両帝国の相剋によって規定された」（ⅲ頁）。また著者は、本書の課題が「カナダ史理解にとって基本的と考える枠組みを、経済政策史を軸に提示する」ことにあるとも述べられている。他方、「カナダ視点」からは「英米の具体的植民地政策とその類型的特質」を逆照射する、としている。率直にいって評者は遂に著者の立脚点を理解することができなかった。外圧の決定的規定性という表現を文字通りに受け取れば、カナダ史は英米両国の対加政策のアマルガムにすぎないことになろう。しかし、評者としては本書があくまでカナダ経済政策史にアプローチしたものだと考えたい。以下、各章の内容を立ち入って紹介することにしたい。

2

第一章は「連邦結成」をイギリスにおける政策転換の必然的帰結とみなす見地から、「自由貿易帝国」政策によるカナダ包摂過程の第一段階(一八四〇—五〇年代)を考察したものである。周知のごとく、イギリスは一八四六年穀物法撤廃を頂点とする自由主義的改革により重商主義を清算したが、この変化は重商主義下の植民地にも波及し、「旧植民地体制」の廃棄をもたらした。これまで対本国ステープル(小麦、木材)輸出に依存してきたカナダは、帝国特恵廃止により深刻な経済危機に直面することになる。危機は植民地支配層たる英系モントリオール商人層のなかに伏在する「米加合併論」を惹起し、政治危機を醸成することになった。以上を背景としてイギリスは一連の政策(自由貿易帝国への編入策、「責任政府」許与、「航海条令」撤廃)を打ち出したのであるが、著者が特に注目を喚起するのが第一次産品に関する「米加互恵条約」(一八五四年)と「グランドトランク鉄道建設」(一八五三年)である。著者は前者を米加併合を阻止する唯一の手段であった、としている。

それはともかく、第一次産品互恵、セントローレンス河自由航行、漁業権保障の三点を内容とするこの条約は、カナダに繁栄を回復させただけでなく、以後、経済危機脱却を対米通商拡大に求める「ワシントン詣」の出発点をなしたという意味で特筆に値しよう。他方、鉄道建設はベアリングを典型とする本国金融利害の「植民地政治=経済支配」の契機をなすと同時に、鉄道を軸として「中央カナダ」が国内的サテライトを西部フロンティアに建設する方向が確定した。またこの過程でカナダ支配層は、モントリオール商人からロンドンに従属し植民地財政に寄生する「商業＝鉄道＝金融利害」に編成替えされるのである。こうして「対英従属が構造的に定置された」ことにより、連邦結成に先立ってカナダは「植民地的経済構造からの脱皮と自立的発展の展望を見失うことになった」(四〇頁)。

第二章では、連邦結成の第二階梯(一八六〇年代)が考察される。結論をいえば、一八六七年の自治領の成立はカナダ支配をめぐる「英米二大帝国の相剋の所産」に他ならなかった。本章の叙述の大半は、連邦結成に至る政治的経緯の説明である。これらを割愛し、著者の指摘する連邦結成の要因をみよう。

第一は南北戦争を背景とするアメリカのカナダ併合論である。研究史上、連邦結成の「止めの一撃」は米加互恵協定条約破棄であるとされてきたが(G. Trotter, 'The Coming of Confederation', *The Cambridge History of the British Empire*, VI, Canada, p. 459)、著者は「現実に遂行される基盤を欠いた」併合論が重要であるとしている(五二頁)。後の政策展開における米加互恵の重みを想起するとき、評者はこのような推測に同意できない。

第二に、カナダ内部ではグランドトランク鉄道の破産に伴う植民地財政の危機が挙げられる。強力な中央集権国家の創出は、ロンドン金融界の信用確保のためであった。第三は、防衛費負担を転嫁しようとするイギリス政府の意図である。連邦は本国の「介入」、「指導」、「強制」により達成された。もしイギリスが特定の政策的意図のもとに連邦化を強制したとするなら、肝心の植民地省が域内連合に反対し続けたのは何故であろうか。それはともかく、著者によれば自治領カナダの成立は、何ら国内的要因によるものでなく、「合衆国の側圧のもとで大英帝国に従属的に包摂された」(七七頁) 結果に他ならなかった。事態の真の決定者であった「金融＝鉄道＝商業利害」はその地位を一段と強化し、農業的西部への帝国的支配を不動のものとするのである。

なお補論は、一八六五年連合カナダ議会下院の「連邦結成」論争を素材とし、「カナダ生誕を導いた植民地的諸利害」を分析している。ここでも「自立的国民経済建設の志向」、「下からのナショナリズム」は存在せず、連邦結成の「起源と本質」は、モントリオール商業利害の「対英従属」「対内支配」に他ならなかったと結論している(三〇八—一一〇頁)。

第三章。一八七一年英米ワシントン条約は、南北戦争を背景とする英米対立に外交的終止符を打った条約として知られる。しかしこの条約交渉には米加対立を調整するという第二の争点があり、さらにアメリカによる「カナダ併合＝割譲」という第三の、最も重要な課題があった(八八頁)。但し、正式交渉の場である英米合同委員会に先立ち、アメリカはカナダ割譲要求を取り下げたため、評者が最も注目する争点は事前に消失してしまったのである。

ところで、カナダがこの委員会に期待したのは対米通商拡大である。このためイギリス代表の一員として交渉に参加したカナダのマクドナルドは、米加漁業紛争の解決を口実として米加互恵条約の復活を提案した。しかし、この提案は英米両国の支持をえられず、この条約交渉がカナダにもたらしたものは「漁業紛争の解決」（互恵条約の部分的復活）という瑣末事にすぎなかった。

本章で著者が重視するのは以下の成り行きである。条約を不満とするマクドナルドは自治領議会における条約批准を繰り延べ、結局、犠牲の代償として本国政府の鉄道債券保証を取り付けることに成功したのであった。この奇妙な展開を説明する鍵は、英米加三国金融利害の連帯である。アメリカにカナダ割譲要求を放棄させたのはイギリス資本を渇望するニューヨーク金融利害である。カナダ金融利害（カナダ支配層）も鉄道への帝国保証により代償をえた。かくて一八七一年ワシントン条約には英米加三国の金融利害が「貫徹」（一四九頁）した！、これが本章の結論である。

米加漁業紛争に伴う英米（加）交渉を主題とする点で、第四章は前章の延長線上にある。しかし、ここでの著者の問題関心、分析視角は大きく異なる。この交渉にイギリス首席代表として参加したのが、後の「帝国主義者」（植民地統合論者という意味での）チェンバレンであった。英米交渉におけるチェンバレン外交の展開過程を辿ることによって、彼の帝国（主義）思想とカナダ・ナショナリズムの間に存在するギャップ（後の対立の「原点」）を明らかにすること、これが本章の課題である。

大不況の深刻化とともに、カナダは対米通商拡大の必要に迫られることになった。保守党政府は再燃した漁業紛争を口実として、再び米加互恵条約の復活を企てたのである。その背後には、カナダ国内で高揚を遂げつつある米加「通商同盟」運動があった。然るにチェンバレンは、「通商同盟」反対の観点からカナダ与野党挙げての対米通商拡大要求（「カナダの要求」）を取り上げることなく、遂に互恵復活を挫折せしめた。対米通商拡大という「カナダ固有の利害」の無視は、「自治領ナショナリズムの発展」に対する認識の欠落と同質であり、こうしたチェンバレン帝国観のなかに英加対立の「原点」が見いだされる、これが結論である。率直にいって評者は本章の論旨と史実認識を理解するに至らなかった。その理由は後段で示したい。

第五章はカナダ貿易政策論争に決着をつけた一八九一年総選挙をテーマとする長大な論文である。まず、最大の争点となった「通商同盟」なる用語(あるいは政治スローガン)が、単なる対米通商拡大から米加政治同盟(米加合体)まで様々なニュアンスで用いられている点に留意しておきたい。

論争は一八九〇年を境に二つの局面をもつ。まず第一局面(一八八七—八八年)。保守党政府が導入した「ナショナル・ポリシー」は、オンタリオ農民層の反保護主義運動を引き起こしたが、この時期に至りそれは米加自由貿易(工業製品を含む「無制限自由貿易」)運動に発展した。この立場を政治的に代弁したのがローリェの自由党である。一八八七年同党が無制限自由貿易(=通商同盟)を綱領に掲げるに至り、通商同盟問題はカナダの命運を決する一大政治争点となったといえよう。政府はナショナル・ポリシーに結びつく「金融=鉄道=商業利害」、「工業利害」、英加紐帯強化を志向する帝国連合派を反通商同盟陣営に結集し、下院の「無制限互恵」案を大差で否決した。輸出回復にも助けられ、この運動は一八八八年末までに一旦「死滅」する。他方、同時期のアメリカでも「通商同盟」(併合)運動が台頭したが、それはカナダ側の運動に何らの関心も示していない点に止目しておきたい。

一八九〇年、マッキンレー関税法導入とともに、論争＝運動は第二の高揚局面を迎える。著者によれば、対加政策の側面でこの関税はカナダの互恵要求（通商同盟）を拒否し、いわば「経済封鎖」を実施することによりカナダを併合に追い込むことを目的とした。従ってカナダ政府が試みた対米互恵提案は一蹴され、ここにカナダ貿易政策の路線が総選挙によって争われることになったのである。保守党のナショナル・ポリシー対自由党の通商同盟、一部の工業利害を含む「金融＝鉄道＝商業利害」対「農民層」という政治的・政策的対立の構図、経済的利害配置は第一局面と異ならない。一八八八年との相違は、政府が本国への「忠誠キャンペーン」を展開することによってのみ敗北を免れたことである。

著者は総選挙の意義を以下の三点にまとめている。①保守党は農民層への妥協のためナショナル・ポリシーを修正し、カナダ工業自立の基盤を破壊した（「国民経済の自己破壊」）。②敗北した自由党は米加互恵綱領を廃棄し、親英的金融利害との関係修復をはかる。③与野党接近により親英路線が確立し、以降、「政治的にはイギリス帝国内に留まりつつも、アメリカとの経済的結合を強化する」（二五四頁）ことになる。この意味で一八九一年総選挙は「対米従属の最重要期」（一八四頁）であった。対米従属を一方で拒否しつつ、他方で促進するというパラドキシカルな評価を事実に即して理解することが可能であろうか。この点も後段で論及したい。

最終章。一八九四年、カナダ政府はオタワ植民地会議を召集し、イギリス帝国諸国相互間の互恵の可能性を討議した。本章は自治植民地全体の政策志向を論じている点で、他の諸章とは論旨が異なる。また会議の意義をオタワ体制（一九三〇年代初頭）との関連において論じている点で視点が異なる。以下、カナダの立場を中心に内容を要約しておきたい。一八九一年、米加通商同盟路線が挫折した後、カナダは帝国内諸国との「帝国通商同盟」結成に路線を転換した。会議にはこれを実現するための幾つかの決議案が提出されたが、成立したのは植民地相互間の互恵決議のみであった（帝国内貿易拡大にとり決定的な英本国＝植民地間互恵は、植民地自体の反対で否決された）。カナダの対英市場拡大の試みは挫折したわけである。また、本国自由党政権は自由貿易維持の観点から植民地間互恵にも反対し、「リポン回状」を送った。著者はこの会議の決議をどのように評価しているであろうか。確かにそれはカナダの通商拡大には寄与しなかった（カナダの対植民地貿易額は、総額の二・六パーセントに止まる）。しかし決議は自由貿易に執着する本国の「利己主義」を乗り越え、英＝植民地間に新たな結合原理を導入したのである。新たな結合関係とは、「垂直的連合」（＝帝国的関係）にかわる「水平的協同」（＝連邦的関係）である（二九一頁）。この意味で決議は遥かに一九三一年ウエストミンスター条令を展望するものであった。帝国から「イギリス連邦《コモンウエルス》」へという図式は、冒頭に紹介した戦間期のイギリス帝国論と同質である。従属的発展論の帰結としては、意外といわざるをえない。

3

一九八七年十月三日、合衆国大統領レーガンは米加両国がかねて交渉中の「包括的自由貿易協定」について合意に達したとの声明を発表した。「米加双方における関税の完全撤廃」による「世界最大の自由市場」創出を意図したこの声明の波紋はわが国にも及び、環太平洋自由貿易圏構想などを模索させるに至った経緯は周知であろう（『朝日新聞』一九八七年十月六日）。本書のテーマ、アメリカ非公式帝国によるカナダ支配は、一八九一年から数えても、その完成に一世紀を要したことになる。「歴史的協定」成立の背後に、米加確執の長い歴史が伏在したという事実を示した点だけでも、本書の刊行は時宜をえたものといえよう。イギリス帝国史という視角からのカナダ発展史には、一応の研究史が存在する（ケンブリッジ『英帝国史』第六巻、カナダ編など）。これらを除くと、ことにわが国のカナダ史は全く新しい分野といって差し支えあるまい。カナダ経済政策史となると先行研究はさらに乏しく、巻末文献目録に研究書として挙げられているのは、豊原治郎『カナダ商業史序説』のみである。本書は積極的に「一つの全体像」を提示したという点で、まさにパイオニア的労作と評価されてよいと思われる。

評者が印象を強くした本書の特徴は以下の二点である。第一は、カナダの成立を英米二極の経済中心地に支配される「非公式経済植民地」（informal economic empire）の従属的発展という視点から描いたことであろう。想像であるが、徹底した図式主義の原像は、第一次大戦前（一九〇〇―一四年）に完成した英米加三国間貿易＝決済関係ではあるまいか。ここにみられる諸関係を発生史の見地から一八四〇年代まで遡及させ、カナダ史を解こうとされたのではあるまいか。評者は、大戦前の世界経済に占めたカナダの地位と、所与の歴史的諸条件のもとで独自の「国民経済」を構築し発展させたカナダは別だと考えているが、ともかく本書は英米二国の存在に強く影響されたカナダ成立史の一側面を明らかにしたといえよう。

第二は、著者が「経済政策史」的アプローチを試みたとする点に関連する。それは経済政策史という表現から予想するものと異なり、正確には「政策論争」史である。また著者の究極の関心事は、政策論争それ自体でもなく、政策論争レヴェルにおける利害配置状況を検出することにある。それはともかく、著者は議会史料を中心として英米加三国に亘る政策論争を丹念に掘り起こされた。本書は理論や解釈でなく、論争の射程を克明に紹介するという実証的寄与により評価さるべきであろう。一例を挙げれば、第五章の三国に亘る「通商同盟」論争の同時展開は、一八九〇年代の世界市場の構造変化を辿るうえで重要な示唆を与えている。本書の特徴は、まさに従属論的発想と議会史料の直接的結合にあるといえよう。しかし、著者が図式的整合性を強調すればするほど、評者は納得し難い不透明感を覚えた。些事は別として（一例を示せば、一六二頁の引用史料に「政治的独立」という訳語がある。これが次頁では「合衆国に対する政治的独立」に発展した。しかしここでの意味は、カナダ自体の「政治的独り立ち」、「政治的自立」の意味ではあるまいか）、以下では筆者が覚えた「不透明感」の理由を考えてみることにしたい。

（一）　まず本書には、英米加三国関係を説明する言葉として「交錯」、「相剋」、「二重の規定性」といった抽象的表現がしばしば登場する。そもそも基本的枠組みである「経済政策史」には、国籍が与えられていない。カナダの「国家的存在」をめぐり三つの視点が鼎立しているのである。政策的影響を与える側と受け取る側の視点は異なる。英米の規定性がいかに決定的であるとはいえ、視点をカナダに据え、カナダから見るという立場を徹底すべきだったのではあるまいか。同様に視点の分裂は、本書の構成についても指摘しうる。すでに若干指摘したように、著者はカナダを従属的発展（経済的従属と政治的従属の両者を含意する）の視点から「植民地」と捉えている。ところが第四、六章では突如として政治的・経済的自立を遂げた「自治領カナダ」が登場するのである。従属的植民地はいかにして「自治領ナショナリズムの旗手」に転成するのであろうか。仮にカナダでは従属と自立が同時併進するとしたら、少なくともその論拠を示す必要があったのではあるまいか。

（二）　アメリカのカナダ併合政策について。国境を接する巨大なアメリカの存在が、カナダに強い影響を及ぼしたことは疑問の余地がない。「アメリカの脅威」は通時的に存在した。しかし、著者が強調するのは単なる脅威ではなく、「対加植民地支配政策」であり、「カナダ併合」政策の存在である。またイギリスはこれに対抗して「併合阻止」政策を発動したことになっている。確かにカナダ経済のモザイク的構造から、国境地帯には常に局地的対米合併論が出現する余地はある。実際、不況期には対米通商拡大要求のデモンストレーションとして、繰り返し合併論が叫ばれた。一八九〇年前後の通商同盟運動がそれである。しかし、カナダ側で米加合併が現実の政治課題となったことは一度もない。カナダの帝国離脱の危機は存在しなかったわけである。アメリカ側はどうであろうか。州際特殊利害の併合論や大統領選挙のスローガンを除くと、合併政策はどのように推進されたのであろうか。著者が強調する危機の諸局面を点検しても、現実には併合の基盤を欠いたり、割譲を放棄したりしているのみである。そもそもアメリカは併合の一階梯ともなしうるカナダの互恵要求を一顧だにしていない。独立を併合と等置することは無理であろう(一〇二頁)。アメリカがかくも執拗に併合政策を追求し続けたとすれば、そもそも併合要求の経済的内容は何だったのであろうか。

(三)　連邦結成とナショナル・ポリシーについて。右の二つをカナダ自立の契機とみなす通説を否定し、これらは植民地的経済構造を何ら変革せず、工業的自立を阻害することにより従属を促迫したと評価されている。こうした評価は果して妥当であろうか。カナダ経済政策史の観点から本書をみると、ここでは一貫して対米通商拡大のための互恵交渉要求とその挫折が追求されている。連邦結成とナショナル・ポリシーは、互恵交渉史上ではいかに位置づけられるべきであろうか。詳論は控えるが、連邦結成とともにカナダは新たな財政政策を展開し始めた。第一次産品関税を引き上げ、対米交渉に備えると同時に、舞台裏の交渉が失敗すると再度関税を引き上げ、対米報復を実施した。つまり、連邦結成は対米交渉における「主体」の確立を意味したのである。

次にナショナル・ポリシーであるが、この政策の起点は一八七四年ブラウンの「ワシントン詣」（カナダは農業機械を含む工業製品の市場開放を提案した）の失敗である。ナショナル・ポリシーは強力かつ本格的な交渉＝報復手段を提供した。これを手にするや、カナダは英米双方に対し新たな通商関係を構築するための“commercial union”を提案するのである（L. C. A. Knowles, *The Economic Development of the British Overseas Empire*, Vol. 2, p. 378）。この政策は単なる保護＝工業自立政策ではなく、対米通商拡大のための交渉力を準備したわけである。従って工業自立への貢献度という側面からだけのナショナル・ポリシー評価は、やや的外れではなかろうか。交渉力の観点から、カナダ自立の意味が追求さるべきであったと思われる。

（四）　第四章の問題に移りたい。この章では漁業紛争解決に示されたチェンバレン外交の軌跡から、「チェンバレンとカナダの利害対立」を結論している。その理由として、①チェンバレンはカナダの「対英従属の永久化」のために米加通商拡大に反対し、互恵条約を失敗させたこと、②彼のカナダ認識には、政治的・経済的自立を志向する「カナダ（植民地）・ナショナリズム」に対する認識が欠落すること、この二点が指摘されている。チェンバレンのカナダ認識は「一方的かつ皮相」、「無知と蔑視」（一八一頁）に満ちていたのであろうか。

第一に互恵交渉を挫折させたのはアメリカであり、チェンバレンではない。著者の記述でも（一六五頁)、彼は合同委員会においてカナダの互恵要求を軌道に乗せるため努力を重ねている。著者は、通商拡大、互恵、通商同盟を恒等式でつないでいるが、チェンバレンが反対したのは厳密な意味での「米=加関税同盟」だけであり、それ以外の米加通商拡大すべてを支持した。また、チェンバレンがカナダの「対英従属の永久化」を考えることは論理的にはありえない。彼は、カナダは政治的・財政的・軍事的にすでに「独立」を達成しており、イギリス支配から完全に離脱していると認識していたからである。

第二に、チェンバレンはカナダ・ナショナリズムを無視したであろうか。もし自治領ナショナリズムの核心が「財政自主権」にあるとすれば、「内在的理解」の有無はこの一点を検討すればよい。著者は、チェンバレンのカナダに対する偏見を示すため、デヴォンシャー・クラブ演説を利用されている(一八〇頁)。この引用で省略された部分がある。「保護制度により育成された保護勢力が、現在享受している諸特権を放棄することなど全く期待し難い」、これが省略された部分である。チェンバレンは財政自主権の放棄が自治(植民地)国家の自殺と考えたから、厳密な意味での米加通商同盟に反対し、イギリス帝国内部の通商同盟にも強く反対したのである。

(五)　最後に、第五章の結論に対し私見を述べておきたい。著者によれば、カナダは大不況を「端緒」として「アメリカ帝国圏内の非公式植民地」に移行し始め、一八九一年総選挙を契機としてその対米従属は完成する。従属とは「カナダ経済のアメリカ化」、「経済的結合関係強化」(二四九―五四頁)

の意味であるが、アメリカの対加直接投資増大がその具体的内容である。評者が最も不可解と考えるのは、この局面における対米従属という著者の認識である。

ところで、嘗てノールス女史は評者が先に引用したカナダ経済史研究において、「一八四〇年以降、英米両国の存在に強く影響されながら、カナダ通商政策はいかなる展開を遂げたか」を問い、興味深い仮説とデッサンを提示した。「忘れられた研究」と思われるので、その一部を紹介したい。

ノールスは、カナダ通商政策史の規定要因として、三つの「牽引力」(pulls)を措定する。第一は英加紐帯の存在(イギリス帝国の一員たること)、第二はアメリカとの地理的「近接性」、第三は「カナダ・ナショナリズム」(ナショナル・ポリシー＝国内経済建設)である。ノールスは三つの牽引力の組み合わせによりカナダ政策史の諸段階・諸局面を示しているが、詳細に立ち入る余裕がない。問題は一八九〇年代である。

一八九〇年代中葉までの支配的牽引力は、対米通商拡大(「ワシントン詣」)とカナダ・ナショナリズム、とりわけ後者であった。一八九六年を境に三つの牽引力はどのように変化したのであろうか。カナダはナショナル・ポリシーを放棄せず、一面でむしろ強化する。次いで英加紐帯を「復活」・強化した。第一次産品輸出はイギリスに向かって拡大し、金融的紐帯は格段に補強されるのである。その政治的・政策的表現が、対英特恵提供とイギリス側の植民地公債法制定である。最後にアメリカの牽引力は低下した。カナダは対米通商拡大のための「ワシントン詣」を最終的に中止し、米加両国の政治関係は冷却化する。十九世紀末に始まるアメリカの対加直接投資拡大を除くと、カナダの「経済的結合関係」はイギリスに傾斜するのである。アメリカの対加直接投資の増加は、英加紐帯強化の結果として生じたカナダ経済発展の従属変数にすぎないともいえよう。それにもかかわらず、アメリカがカナダの主人になったと判断する根拠は何であろうか。それには本書のなかで様々な意味で用いられている「従属」の語義を、当初から明確に定義する必要があったのではあるまいか。

思うに、以上に指摘した幾つかの疑問は、整合性を求めすぎた結果としての勇み足であろう。評者の誤解も多々あると思うが、ご海容願いたい。本書の刊行が機縁となり、こうしたテーマをめぐる英米加三国研究者による学際的交流が深まることを期待したい。

（一九八九年）

二　杉原　薫『アジア間貿易の形成と構造』（ミネルヴァ書房、一九九六年）

1

本書は、著者が一九八〇年前後のほぼ十年間に公表されたアジア間貿易史に関する諸論稿の集大成である。十九世紀末「大不況」期から両大戦間期に至る時期を対象とし、世界経済に占める「アジア間貿易」の独自の位置と役割を解明したパイオニア的労作といってよい。周知のように、アジア諸国・諸地域を含む非ヨーロッパ世界は、当初は主としてイギリスを、次いで十九世紀末に至って独・米など一群の後発資本主義諸国を含む欧米諸国を「中心」とする世界経済に、原料・食糧を供給する「第一次産品輸出経済」として包摂・統合された。こうして今世紀初頭の時点において、まさにグローバルな規模における国際分業体制とこれに立脚する「世界貿易体系」、ソウルのいう「多角的貿易決済構造」が確立したのである。

しかし、同じ「ウェスタン・インパクト」の影響下に置かれながら、アジア世界はラテン・アメリカやアフリカと同様の意味でサテライト化したのではない。それどころか、アジアは対欧米貿易より遥かに速いスピードでアジア域内貿易、しかも「工業化型」によって特徴づけられた「アジア間貿易」を発展させ、「欧米を中心とする世界システムから相対的自立性を獲得していった」のである。「アジア間貿易の分析を通じて、十九世紀後半のウェスタン・インパクトがもたらした市場機会に、どのようにアジア諸地域が反応し、工業化を内に含む独自の国際分業体制をつくりだしていったか」（一頁）、「非ヨーロッパ世界の中でなぜアジアだけが（日本をもっとも進んだ工業国とする）独自の国際分業体制を発展させていったか」（三七頁）を解明すること、これが著者の課題である。アジア間貿易を構成する四地域とは、英領インド（ビルマを除く）、東南アジア、中国（香港を含む）、及び日本（本土）である。第二次大戦終結まで、これらの地域の多くがイギリスを中心とする欧米諸国の強い政治的影響下に置かれた点に留意されたい。端的にいえばその多くが植民地化された。本書の構成を略記すればこうである。

第一編　アジア間貿易の基本問題（第一―四章）
第二編　インド貿易の発展と日本の工業品輸出（第五―八章）
第三編　アジアにおける近代的労働力の形成（第九―十二章）

これに課題と視点を論じた序章と、第二次大戦以降の新たなアジア間貿易の発展を展望した終章が付されている。

著者の意図は、「アジア間貿易」とその成長を厳密に数量的・統計的に把握し、これを踏まえてその構造と動態に迫り、このタームを「一つの歴史概念」(三七九頁)としてアジアの近代的経済発展の特質を読み解くことにある。しかし、著者の最終の問題関心はこのキー概念によって講座派系統の日本資本主義像を批判し、日本の近代化過程の特質を捉え直すとともに、アジア間貿易の発展に果した日本の役割を積極的に評価することにあると推察される。

2

本書で開示された論点は多岐に亘り、その多彩な内容すべてに論及することは困難である。以下、評者の関心に従って本書の骨格を紹介することにしたい。

まず第一編は、アジア間貿易の形成、発展、変容の過程を正面から論じた部分であるが、とくに第一章「アジア間貿易の形成と構造」は著者の構想を凝縮的に提示した「総説」である。著者によれば、アジア間貿易の形成・発展は「ウェスタン・インパクト」を契機とする。この用語は、①アジア諸地域が欧米の植民地と化し、その結果「アジア自由貿易圏」(「強制された自由貿易」)が構築されるという政治的側面、②欧米資本の進出により、鉄道・港湾・通信・金融機関などインフラストラクチュア整備が進展したこと、③以上を前提として、アジアの伝統社会が欧米に原料・食糧を供給する第一次産品経済に再編成されたこと、この三点を含意する。実は、アジアでは一九三〇年代までこのインパクトが作用し続けるのである。次に著者は一八八〇年代以降のアジア間貿易の品目構成に注目し、ここに「工業化型」貿易構造を検出すると同時に、貿易の主内容がアジア内で生産・消費される綿業連関商品(綿花・綿糸・綿布)である事実から、アジア国際分業体制の基本構造を「綿業基軸体制」(二三頁)と把握する。ここにアジアの世界経済への統合→第一次産品輸出経済化と綿業基軸体制を基礎とするアジア間貿易の成長との関係をいかに捉えるかという問題が生ずる。結論をいえば、対欧米一次産品輸出の拡大はアジア農民・労働者に追加的購買力を与え、彼らの生活必需品需要はアジア型商品に向けられたのである。その代表例が、アジア在来綿体系に属する「短繊維綿花―太糸―厚地綿布」へのアジア内需要であろう。著者は「アジア型近代商品」(さしあたりインド産低番手綿糸)に対するアジア域内需要の発生に注目することにより、対欧米輸出拡大→アジア工業化→アジア間貿易成長の「相互促進的」な構造連関を明らかにした。イギリス型綿体系のアジアへの浸透・支配に大きな限界があった点が重要である。ウェスタン・インパクトは一面で対欧米「従属」を促進したが、同時にインド綿業興隆に牽引されたアジア工業化→アジア国際分業体制の「自立的」発展を準備し、促進したのである。

以下、第二章「十九世紀後半のアヘン貿易」では、インドの対中国アヘン貿易の変容(中国の輸入代替)、アヘンに代わる対中国綿糸輸出の発展がアジア間貿易成立の起点をなすこと、第三章「東南アジア第一次産品輸出経済の構造」では、当該地域が同じく工業国インドを介して世界経済に統合される過程、及び同地域の「二層の周辺部化」（対アジア、対世界システム）の過程が分析される。最後に第四章「両大戦間期のアジア間貿易」において、著者は当該期のアジア間貿易が戦前型の基本構造を継承しつつ成長を続け、次第に対欧米依存から脱却すること、高度化・複雑化したアジア国際分業体制において日本と東アジアの地位と役割が決定的に増大すること、などを指摘している。

著者の主張を要約すれば、アジア間貿易を発展させた基底的要因は、欧米とは異なるアジアの文化的・歴史的伝統に規定されたアジア規模における「地域市場圏」の存在である。日本の工業化の成功は、アジアの第一次産品輸出経済化とともに生じた購買力の上昇と、アジア固有の消費構造に見合ったアジア型近代商品を供給しえたことにあった。

第二編の中心問題は、世界貿易体系とアジア間貿易の「結節点」に位置するインドの特異な役割を、対アジア貿易の観点から解明することにある。ソウルが明らかにしたように、国際貿易の世界的連鎖は、インドの対英支払いにより円環を閉じたのであり、インドの対英決済は世界貿易の「支柱」であった。ではインドは、この対英決済をいかにして実現しえたのであろうか。第五章「一八七〇―一九一三年におけるインドの輸出貿易」、第六章「第一次大戦前のアジアにおけるインド貿易の役割」は右の問題にアプローチしたものであり、第七、八章は課題と視点がやや異なる。

まず第五章。インドの対英赤字支払いを支えたインド輸出拡大の要因を総括的に分析し、①後発資本主義国需要主導型の原料輸出（原綿、ジュート原料、油種子、皮革など）、②イギリス需要主導型（小麦、茶)、③（対）アジア工業品輸出型（ジュート製品、綿糸）の三つの型を析出している。対工業ヨーロッパ（後には日本を含む）原料輸出が多角的貿易決済構造の「決定的な環」をなすことはいうまでもないが、ここで注目すべきはアジア工業製品輸出型に認められるインドの対アジア貿易構造である。インドは「欧米に対しては第一次産品輸出、工業製品輸入からなる発展途上国型貿易構造をもち、アジアに対しては工業品輸出、第一次産品輸入からなる先進国型貿易構造をもつという二層の構造」（一九一頁）をとっていたのである。インドの対アジア黒字は、対英支払いの有力な源泉をなした。

巨額の対英綿製品輸入を続けながら、アジアに対して工業品＝ボンベイ綿糸輸出を行ないえたのは何故であろうか。結論をいえば、ランカシャー綿製品は「インド綿花―太糸―厚地綿布」の在来綿体系を駆逐できなかったのである。インド国内市場の四〇パーセントを占める巨大な「非競争市場」の存在、これこそボンベイ綿業の興隆、「工業国」インドの対中国・アジア市場進出の基盤である。他方、インドの工業化は周辺アジア諸国の第一次産品国化を引き起こし、インドを介して世界経済への統合が進展する。著者は多角的貿易構造におけるインドの位置を以下のように総括している。「インドは、アジアにおける対欧米貿易の中心だっただけでなく、アジア間貿易の中心に位置しており、（日本を除く）アジアが全体として第一次産品供給地として世界市場に統合されていくのを、決済構造の側面から促進する役割を果していた」（二一五頁）。

第七―八章は、以上のインド市場に日本の工業製品が浸透力をもちえた理由を検討している。著者によれば、日本製メリヤス製品のインド市場における競争力は、「価格競争力」にあったのではない。「消費構造の特殊性」(二三六頁)に見合ったアジア型製品の開発、これこそ日本の競争力の根底をなす。ではアジア型ニーズは、いかにして発見されたのであろうか。ここで著者は官民一体となって構築された「情報インフラストラクチュア」に注目するのである。日本では、海外商業情報の組織的収集のみならず、これを末端の製造業者に周知する機構が構築された(各地の「商品陳列所」など)。日本のアジア市場への進出は、こうした独自の「制度的革新」(二五九頁)にも支えられていたのである。

最後に第三編。ビルマ、セイロン、マラヤなど東南アジア諸地域におけるプランテーション経済の発展は、大量のインド・中国人出稼ぎ移民を発生させた。第九章「インド人移民とプランテーション経済」、第十章「華僑の移民ネットワークと東南アジア経済」では、このような移民労働者がどのように調達＝管理され、どのような特質をもっていたのか、その実態がまことに興味深く分析されている。セイロンの場合、「カンガーニ(首長制)」が主流をなし、プランターは職長兼リクルーターたるカンガーニの血縁的・地縁的関係を介して南インドから集団的に労働力を調達した。こうした南インド農村との「接合」の意義は、「インド社会の支配原理(カースト制を想起)そのものが、資本制的生産関係の基幹部分に導入された」(二五七頁)点にある。中国人の場合、仲介者は「客桟制」と呼ばれるネットワークであったが、労働力調達は「同郷性」に依存しており、ここでもインドと同様に伝統的支配原理が資本主義に持ち込まれたのである(三〇九頁)。

最後に第十一章「インド近代綿業労働者の労働＝生活過程」、第十二章「日本における近代的労働＝生活過程像の成立」では、原生的労働関係の時代において日本の経営者によって実践された労働＝生活意識改革の努力が、インド労働者の資本主義経営への適応パターンとの対比において高く評価されている。伝統的原理の資本主義時代への持ち込みは、日本を含め非ヨーロッパ世界に一般的であったが、日本的労務管理による近代的労働力陶冶は労働者の近代への適応に積極的役割を果したのである。

3

以上が本書の骨子であるが、新しい歴史理解の枠組みの構築を目指す著者の意図を遺漏なく紹介することは必ずしも容易ではない。この点をお断わりした上で、以下本書の全般的意義について記すことにしたい。

まず第一に、本書の研究史上の位置について。すでに若干指摘したように、今世紀初頭に完成する世界貿易体系において、非ヨーロッパ諸地域の多くが第一次産品国として世界経済に統合されたこと、さらにインドの対英貿易・決済が世界貿易の全体を支える支柱であったこと、こうした構造を解明したのはソウルである。しかし同じ第一次産品国として統合されたにもかかわらず、アジア諸国の対応は独自性を示す。ソウルの研究を手掛かりに、ハイドはウェスタン・インパクトに対応する「アジア内貿易」の成長（アジア域内経済活動の担い手のアジア人化）に注目を喚起した（F. E. Hyde, *Far East-*

ern Trade, 1860–1914, London, 1973)。続いてレイザムは、アジア・アフリカ低開発諸国の世界経済に対する貢献を明らかにすべく、インドの対英支払いを支えた中国・アジア諸国の役割に注目を喚起した(A.J.H. Latham, *The International Trade and the Undeveloped World, 1865–1914*, London, 1978)。以上に摘記した研究の主たる関心は、貿易決済の世界的連鎖におけるアジア内迂回路を探ることにある。本書の意義は、世界貿易におけるこうしたアジアの地位と役割こそアジアの自立的発展の条件となった事実を主張した点にある。

第二に、世界経済への統合に対するアジアの対応の独自性を証明するために、著者は「アジア間貿易」なる概念を提示した。国内市場とも世界市場とも異なるアジア規模の広域市場の存在を想定し、これを基盤とするアジア間貿易成長の規模と速度を統計的・数量的に明らかにした。アジア間貿易を構成する諸地域の複雑さから、この基礎作業自体が容易ならざるものといわねばならない。アジア規模に広がる域内市場を想定しうる根拠は、アジア交易圏(「アジア物産複合」)を基盤とし、歴史的・文化的伝統に規定されたアジア型生産−消費パターンの存在である。いま一つは、イギリスがアジアで人為的に創出した「アジア自由貿易圏」の制度的枠組みであろう。こうした諸条件のもとで、アジアは一面で第一次産品輸出経済に再編成されつつ、上昇し続けるアジア購買力を源泉とするアジア工業化を開始し、アジア国際分業体制を構築することができた。換言すれば、アジア市場の二重構造の下で対欧米貿易とアジア間貿易の発展が相互促進的に同時進行したのである。帝国主義支配の強化と多角的貿易構造の成立を相互連関的に捉える視点からすれば、この時代はインド・アジアからの「剰余の移転」と貧困化が加速したと考えられる。アジア間貿易発展の構図は、従来の帝国主義の世界史像に大幅な修正を求めるものといえよう。

第三に、著者の問題関心の焦点は、日本の近代化・工業化過程の特質をアジア貿易史の文脈から捉え直すことにあったと推察される。アジア間貿易は、講座派的な日本資本主義像を修正するためのキー概念でもある（補論二）。本書では、後発資本主義国日本が工業化の過程で直面した課題が何であったか、この点が対欧米との関係でなく、対アジアとの関係で極めて具体的に検討されている。日本のアジア市場への発展過程において、欧米、特にイギリスとの関係は一貫して相互補完的に捉えられている点が注目されよう。日本は、対アジアとの関係においても後発国であり、インドの工業化や華僑の商業的組織力にも対抗しなければならなかった。実は、「アジア間貿易」の成長と発展こそ日本工業化の条件であったのである。アジア型需要に対応する商品を開発し、アジア型近代商品を供給しえる技術力を高め、また工業化を担う労働力を陶冶するために官民を挙げて苦闘した。こうしてアジア購買力の大衆的広がりと、消費構造に対応する新機軸商品を開発することにより、工業化に成功するのである。評者にはこうした後進性の理解が興味深く思われる。本書は、対アジアとの関係における日本の対応の重要な一側面を浮き彫りしている。

さて、アジア間貿易は「自由貿易」の枠組みとアジア国際分業体制の下で成長を続け、戦間期に至りそのネットワークは格段に緊密化した（図4−7）。しかし、経済的相互依存関係の緊密化とアジア諸国のえた「貿易の相互利益」にもかかわらず、民族独立とともにインド以下植民地諸国は「自由貿易圏から撤退」していったのである。なぜであろうか。世界統合もアジアの地域統合も相互利益とともに相互対立を伴う。著者はアジア間貿易の発展的側面に光を当てたが、現実の歴史を動かしたのは影の部分であった。

（一九九六年）

三　尾上修悟『イギリス資本輸出と帝国経済』（ミネルヴァ書房、一九九六年）

1

第一次大戦前（一八七〇―一九一四年）のイギリスは、史上類比のない大規模な資本輸出を続け、一九一三年には累積総額四〇億ポンドに達する巨大な海外投資国家となった。巨額の、しかも継続的な資本輸出により、イギリス経済の対外的バランス・シートは大きく損なわれつつあるのではないか、――同時代の懸念を集約した「貿易収支危機」論争の核心は、実は「国際収支危機」をめぐる認識の対立にあった。現在、資本輸出が国際収支に及ぼす影響についての通説的見解は、イムラー国際収支統計を基礎とする以下のような見解である。すなわち、イギリス貿易収支は確かに大幅な赤字を示すが、海運・保険その他のサーヴィス収入に海外投資による利子・配当収入を加えると、経常収支は毎年大幅な黒字を記録する。従って大戦前のイギリスは巨額の資本輸出を続けたにもかかわらず、国際収支に不均衡を生ずることはなかった。それどころか、資本輸出は逓増的な経常勘定黒字に緩衝的役割を果す一方、被投資国の経済発展を促進し、国際収支圧力を緩和した、これが大筋の結論である。本書は、著者の十数年に亘る「十九世紀の国際金本位制下の資本輸出、およびイギリス帝国経済に関する研究」(まえがき)の集大成である。

著者の意図は、イギリス資本輸出をめぐる多様な問題点のうち「理論的な側面」に注目し、資本輸出が国際収支に及ぼす影響について上記の通説を修正することにある。そのために、まず「基礎収支の視点」から国際収支を再構成すること、これが本書の第一の課題である。結論を先取りすれば、一八九〇年代までイギリス国際(=基礎)収支は安定的に維持された。しかし世紀末を画期として、それは「赤字化」する。では、このような収支調整過程の変動を惹起した要因は何か。これを「最大の資本輸入国」たる二つの自治植民地(オーストラリアとカナダ)の「産業構造ならびに国際決済構造」の発展形態に即して明らかにすること、これが第二の課題である(「課題と方法」)。結論を要約すれば、植民地は一八九〇年代までイギリス国際収支の安定要因をなしたが、以後それは撹乱要因に転化する、とでもいえようか。その導因として著者が最も注目するのは、イギリス資本輸出の「歴史的変容」である。以上の課題に即して、本書は第一部「イギリスの資本輸出と国際決済構造」、第二部「イギリス植民地の資本輸入と国際収支調整問題」(一八九〇年まで)、第三部「イギリス植民地の資本輸入と多角的決済」(一八九〇年以降)の三部から構成されている。

2

以下、やや立ち入って本書の議論の筋道を辿ることにしたい。第一部は、イギリスが一八七〇―一九一四年の期間に遂行した資本輸出の結果として、「いかなる国際収支構造をもつにいたったか」を分析した部分である。第一章「イギリス国際収支と資本輸出」は、本書の総論的位置を占める。著者によれば、一国の真の「対外的経済ポジション」は、経常収支(貿易収支+貿易外収支)ではなく、これに長期資本収支を加えた「基礎収支」に反映される。長期資本輸出を推計することにより基礎収支を把握し、資本輸出の性格変化の分析を通じて赤字化の原因を明らかにすること、これが課題である。

著者は、経常収支についてはイムラー統計に「現代的」改良を加えたファインスタイン推計を基礎データとみなす。長期資本輸出については、サイモンの新規海外証券発行推計値を基礎データとみなす。以上からえられた基礎収支推計値は、先行するフォードの推計値(イムラーとホブソン(C. K. Hobson)の資本輸出額推計から算出。大戦前の全期間に亘り「基調的な黒字」)とは著しく異なり、「赤字基調」である。赤字は世紀転換期以降、際立って増加した(表1-5)。十九世紀末を境に「基礎収支を赤字にしてまで」遂行された海外投資の内容は何か。著者によれば、イギリス海外投資は一八九〇年代を画期として、鉄道・公共設備などのインフラストラクチュア投資から、自治領の原料、特に鉱物資源を獲得するための「資源志向型直接投資」に転換するのである。これを促した要因は、世紀転換期の世界市場におけるイギリス工業の競争力低下であった。「原料、特に鉱物資源を安定的に確保することは、競争力を失いつつあるイギリスにとって至上命令であった」(三六頁)。

では、イギリス国際(基礎)収支、特に世紀末以降の基礎収支はどのように調整されたのであろうか。第二章「イギリス資本輸出と国際収支調整問題」では、「トランスファー理論」(金本位制下における国際収支の自動調整論)を「現実への妥当性」の視点から検討し、世紀末に至り調整過程に決定的変化が生じたとみている。結論は以下の二点である。第一に、一八九〇年まで、資本輸出が商品輸出を促進することにより基礎収支は均衡しており、フォードの主張を追認できる。しかし第二に、十九世紀末を境として基礎収支は明白に赤字に転じた。その理由は、商品輸出促進型のインフラ投資から「商品輸入促進型」の資源志向型直接投資に変化した点に求められる。イギリスは結局、イングランド銀行の公定歩合操作による短期資本輸入を通じて基礎収支赤字を調整したのであるが、その結果、十九世紀末以降の資本輸出は後の戦間期に顕在化する「短期借り(の)長期貸し」(六八頁)の性格を帯びるに至るのである。

なお、第三章「イギリスの資本輸出と国際移民」は、資本輸出と国際労働力移動の関連を考察している。ここでは以下の指摘にのみ注目しておきたい。すなわち著者によれば、十九世紀末の資本輸出とともに、対自治領植民地・出移民政策が積極化する。イギリスは「組織的な移民を促進する」(九九頁)に至った。

第一部から導かれる結論は、イギリス国際収支は十九世紀までにほぼ「円滑に調整」されたこと、第二に世紀末以降基礎収支は赤字化し、バンク・レート政策による調整を迫られたこと、この二点である。「資本輸入によるトランスファー過程」を検討することにより、この変化の意味を植民地の側から明らかにすること、これが第二―三部の課題である。

第四章「オーストラリアの資本輸入と国際収支調整問題」。一八八〇年代の主要な資本輸入国オーストラリアは、大規模な政府借入による鉄道投資を基盤として牧羊業に特化したモノカルチュア経済を発展させた。こうしてオーストラリアは、対英工業製品輸入―原毛輸出を軸とする「専一的」かつ「従属的」な対英国際分業関係に包摂される。以上の枠組みの下で、資本輸入は貿易収支赤字→貿易外収支赤字（利子・配当支払い）の連鎖的拡大を引き起こす。その結果、基礎収支赤字を調整するための短期借入を余儀なくされ、「オーストラリア経済の基底に累積債務の構造」（一二四頁）が定着する。一八九〇年代まで本国が国際収支を円滑に調整できたのは、脆弱な経済構造の債務国オーストラリアに調整負担を強要した結果に他ならない、――これが著者の理解である。第五章「カナダの資本輸入と国際収支調整問題」にも、ほぼ同主旨の分析結果が示されている。対英資本輸入とステープル生産（小麦）に特化した弱体な産業構造の形成、「専一的」な対英国際分業構造への統合、カナダ基礎収支の悪化と「短期性債務」の累積などがそれである。イギリスは「中心―周辺」関係を通じて調整負担を転嫁することにより、自らの国際収支均衡を維持したのである。

以上の植民地の国際収支構造は、一八九〇年以降大きく変化する。第三部に眼を転じたい。第六章「オーストラリアの資本輸入と多角的決済」。変化の導因はイギリス資本輸出、植民地側からいえば対英資本輸入の性格の変容である。すでに指摘したように、それは資源志向型直接投資に転換した。まず鉱業生産の多様化を軸とする工業化により、オーストラリア経済はモノカルチュア構造から「脱皮」する。次いで産業構造の変化が貿易構造の変化を引き起こす。新興欧米工業国に向けて鉱物原料輸出を多角化しつつ（同時に輸入も多角化する）、オーストラリアは対英従属的な国際分業関係から脱却するのである（一七五頁）。イギリス工業の要請を起点とする対豪鉱山投資の展開は、「皮肉にも」オーストラリア輸出の多角的拡大、対英輸出入の縮小を帰結したのである。最後にその国際決済をみると、一九〇〇年代に入り貿易収支黒字に支えられて経常収支も黒字化する。オーストラリアの自立的発展とともに、「今度はイギリスが調整負担を強いられたのである」（一七九頁）。

第七章「カナダの資本輸入と多角的決済」。まずカナダが、一九〇〇年代における中心的資本輸入国である点に注目を喚起しておきたい。資本輸入の性格変化は、カナダにも同様の結果をもたらした。鉱山投資を中心とする資源志向型直接投資に牽引されて、カナダでも鉱山を軸とする「工業化」→モノカルチュア型構造からの脱却→「専一的に確立された国際分業関係の瓦解」（二〇九頁）が進展する。貿易構造からみると、対英輸入の減少と対米輸入(資本財)の拡大が対照を示す。総じてカナダ輸出入も多角化した。以上を反映する国際収支構造はどのように変化するであろうか。表7-19「カナダの国際収支(一八九〇―一九一三年)」の読み方が難しい。著者の意図がオーストラリアと同一の構造をカナダについて指摘したのであれば、確かに一八九〇―一九〇四年の期間には貿易収支↓経常収支↓基礎収支の好転が認められる。著者のロジックに従えば、イギリス国際収支の赤字化は、以上のカナダ国際収支の「安定的な好調」の帰結に他ならなかった。

4

以上が評者の理解した本書の骨格である。「資本輸出」を媒介として、イギリスと植民地はどのような関係を取り結び、それは一八九〇年代を分岐点としてどのような変貌を遂げたか、――イギリス国際収支に焦点を合わせ、両者の構造的連関を分析すること、これが著者の意図であった。結論からいえば、当該期においてイギリス国際収支が表層的に安定・均衡したメカニズムが、著者の作業仮説通りに証明されたと評価されるかも知れない。「帝国経済」(オーストラリアとカナダ)の従属と自立の意義が国際収支レヴェルで明らかにされた点も注目に値しよう。また本書にはイギリス資本輸出研究史の新たな成果(例えば、直接投資の重視とレントナー型投資国家像の否定)が十分に反映されている。因みに本書とコトレルの卓抜な研究史整理を対比されたい（P. L. Cotrrell, ‘Great Britain’, Cameron and Bovykin (eds.), *International Banking, 1870–1914*, London, 1991)。しかし、歴史研究の立場からみれば、疑問もある。以下に、その若干を記したい。

まず第一に、世紀転換期以降のイギリス国際(＝基礎)収支の赤字化について。この事実は、冒頭に引用した同時代人の危機認識に根拠を与えるものであり、国際収支は通説の主張するほど堅調ではなかったと思われる。しかし本書の場合、「赤字化」は立論の大前提ともいうべき決定的な位置を与えられている。ところが、著者も指摘するように、当該期の国際収支について全く逆の推論をする論者もいる。事実、フォードは正反対の「黒字」を主張している。著者の根拠は、最終的にサイモン統計が「より信頼度が高い」(六一頁)とする判断だけである。微妙な数値であるだけに、実証研究としては資料そのものの再点検が必要だったのではあるまいか。

第二に、オーストラリアとカナダの対英決済関係。著者は両植民地の対英決済関係は、同一の経過を辿ったとみているようである。一八九〇年までの対英資本輸入とモノカルチュア的経済構造の形成、「専一的」分業関係への統合、双務的決済と累積債務国化などがそれである。次いで直接投資の展開を画期とする工業化と貿易構造の多角化、基本的には貿易収支黒字による調整負担からの脱却、これが著者の提示したシェーマであった。周知のように、イギリス資本輸出は集中性・一過性を特徴とし、例えば対豪投資は一八九〇年代以降激減する一方、一九〇〇年代に入り対加投資は本格化する。表7-19「カナダの国際収支」について指摘したように、カナダの対英決済の構造は、一九〇〇年代後半には明らかに「成熟債務国型」(＝オーストラリア型)ではなかった。さらに一九一〇年のオーストラリアは対英支払い超過国であるが、カナダは巨額の対英受取り超過国である。対英決済関係における両者の位置の相違こそ、注目さるべき事態だったのではあるまいか。

第三に、イギリス資本輸出と工業利害。先に論及したように、イギリス基礎収支赤字の要因は、国際競争が激化するなかで劣位に立ったイギリス重工業の要請に応え原料志向型直接投資を拡大したためであった。これが「皮肉にも」多角的決済を拡大し、対英自立を導くのである。対植民地「組織的移民」政策も考慮に入れると、著者は投資の性格変化の背後にシティと工業及び政府当局の緊密な連携を想定されているようである。しかし、近年の「ジェントルマン資本主義」論によれば、イギリス資本主義の特質はシティと工業利害の対立と分裂にあり、政治＝政府当局は工業利害への無関心を隠さなかった。シティは投資資金回収の観点から、工業化を含む植民地経済の自立と貿易多角化を歓迎したのではなかろうか。

最後に多角的貿易決済構造と属領インドとの関係について。ドラモンドの研究が指摘するように、両大戦間期に至り経済的側面からみてもイギリス帝国における自治領の地位は著しく上昇し、対照的にインドのそれは低下した (I. M. Drummond, *British Economic Policy and the Empire, 1919–1939*, London, 1972)。しかし、一九一四年以前にはイギリス国際収支の「円滑な調整」にとって、属領インドは決定的に重要な位置を占めた。本書の最大の特徴は、従って最大の通説批判は、「資本輸出額が少ない」(三頁）との理由で「帝国経済」の中心にインドに代えて自治領を据えたことであろう。この新説が説得力をもつためには、「世界システム」なるタームの説明が必要であろう。遺憾ながら、本書にはこの語の説得的な説明が欠落しているように思われる。

（一九九七年）

IV 「ジェントルマン資本主義」論の波紋

イギリス帝国主義に関する新しいグランド・セオリー、「ジェントルマン資本主義」論がわが国学界に登場したのは一九九〇年前後であろう。もっとも、近代史家の間に新説の骨格は夙に知られていたのではあるが。後段に紹介するように、議論は二段構えとなっていて、イギリス資本主義の基本性格をいかに把握するか、またこれに規定された海外プレゼンスをいかに把握するか、二つの課題が追究されることになる。わが国での評価は専ら前者の当否に限られていて、後者に関して必ずしも十分な検討はなされていない。しかし、イギリスの海外支配の諸類型と植民地財政・経済支配の具体的内容に関して、興味深い問題点が指摘されている。

筆者は、第一次大戦前の「世界経済の心臓部」、ロンドン・シティの国際的商業・金融活動をめぐる実証研究の進展に注目し、ここにイギリス資本主義の一側面を理解する鍵があると確信するに至った。とはいえイギリス資本主義の全体像を構築するには、シティの視点ばかりでなく、著者が否定したランカシャー綿業(北部工業)の視点が必要だと考えている。海外プレゼンスについても同断である。ロンドンとマンチェスターは、依然としてイギリス近代史を解く手掛かりなのである。なお、「ジェントルマン資本主義」論の発想をより深く理解するには、故米川伸一教授の業績と歴史学方法論を是非とも参看されたい。

一　ケイン／ホプキンズ『ジェントルマン資本主義と大英帝国』

（岩波書店、一九九四年）

1

ケインとホプキンズによる記念碑的労作『イギリス帝国主義』（ロングマン社、一九九三年）が刊行されて三年になる。同書をめぐる海外の書評は、すでに二〇編を超しており、著者が示したまことに挑戦的なイギリス近・現代史の「新解釈」は、イギリス内外の歴史学界に波紋を広げつつあるといってよかろう。新著は、十七世紀末「名誉革命」から第二次世界大戦末に至る三世紀間を時代対象とし、政治及び政策決定過程を含めてイギリス資本主義の中心構造を「ジェントルマン資本主義」と把握するとともに、この「キー概念」を手掛かりとして近代イギリスが構築した公式・非公式の海外支配網（＝帝国主義）を包括的に解明しようとするものである。

本訳書は、新著に先立って『経済史評論』（一九八〇、一九八六―八七年）に発表された二編の共同署名論文の邦訳である。とくに「ジェントルマン資本主義と海外膨張」（論文Ⅰ）には、極度に圧縮された形ではあるが、著者の議論のスケルトンが提示されているとみてよい。なお訳書に寄せられた「序文」から、著者がジェントルマン資本主義を構想するに至った経緯を窺い知ることができる。また巻末にはジェントルマン資本主義論が登場する研究史的背景、及びこの議論をめぐる論争について、訳者による「解説」が付されている。書名が示す通り、本書は二つの主題をもつのであるが、以下ではイギリス資本主義の内的編成に即してこの議論を紹介することにしたい。

2

著者の最終の問題関心は、イギリス資本主義と植民地支配との構造的関連、換言すればイギリスによる帝国建設の「原動力」を解明することにある。周知のごとく、今日の帝国主義史研究において「正統派」的地位を占めるのは、ホブソン＝レーニン説（「経済的」帝国主義論）を否定したギャラハー＝ロビンソンの見解である。彼らは、帝国主義の起動力は資本主義「中心」における産業資本の「金融資本化」にあるのではなく、「周辺の危機」に対する政策当局の「戦略」的対応（＝「非経済的要因」）にあると主張した。ケイン＝ホプキンズはこのような「脱中心」理論を批判し、改めて植民地帝国膨張の基底的推進力は資本主義「中心」の、しかも「経済的インテレスト」にあると主張するのである。イギリス資本主義の中心に位置し、海外支配＝帝国建設を推進したのは「産業」資本主義（このタームは「産業革命」、「工業化」、「製造工業」などと同義に用いられている）ではなく、ジェントルマン資本主義であった。

著者によれば、資本主義システムの成長と発展は産業活動ばかりでなく、非産業的活動諸形態（農業、商業、金融）によっても牽引される。十七世紀末の名誉革命を画期として生誕するイギリス資本主義に中核的地位を占めたのは、まず地主的富の母体、土地＝農業資本主義であり、これを財政的＝金融的に支えたのが「商業・金融的」資本主義であった。ロンドンと東南部イングランドを拠点とし、「土地と金融の同盟」（＝「南部同盟」）の基盤をなす非産業的資本主義の複合体、これが著者のいうジェントルマン資本主義である。以後、今日までこの中心構造がイギリス資本主義の発展局面を規定するのである。

しかしより重要な論点は、この原基的形態が十九世紀中葉を境として「新」ジェントルマン資本主義に再編成されたことであろう。東南部イングランドの「サーヴィス」資本主義の興隆を背景として、「再版」ジェントルマン資本主義の中核をなすのはシティ商業・金融セクターである。「新興層」の支配的地位は、彼らの富（金融的富）＝資産形成力によるのであるが、「土地貴族に対する長期の徒弟修業時代」（三二頁）を経て相続した社会的ステイタス、政治的アクセス能力による点も大きい。なぜならば彼らは政治権力に密着し、諸種の植民地政策を含む経済政策に決定的影響力を行使しえたからである。イギリス資本主義の二局面、すなわち「旧植民地体制」（十七世紀末から一八五〇年）と「新帝国主義」（一八五〇年以降）が、ジェントルマン資本主義「進化」の二局面に対応するものであることはいうまでもない。これに対し、イングランド北部を拠点とする「地方的」産業資本主義(＝生産的富)は、土地と金融に及ばないのみならず、政治的アクセス能力の欠落により政策決定過程から疎外され続けた。要するにイギリス資本主義の内的編成からみれば、産業資本は常にマイナーで従属的な位置を与えられたにすぎなかったのである。

以上のジェントルマン資本主義モデルによる歴史解釈が最も妥当するのは、イギリスの産業的弱体化と金融的発展が際立って鮮明となった十九世紀末から第一次大戦までの期間であろう。シティによる海外投資は飛躍的に増加し、その国際的商業・金融活動は極大化した。個人銀行家やマーチャント・バンカーなどの「富の成長」を象徴するのは、「世界の貿易・金融センター」が獲得した巨額の貿易外収支黒字である。「新興層」＝金融エリートは教育や結婚を通じて土地貴族と社会的に融合しつつジェントルマン・エリート層を形成し、政治権力を支配する。金融エリートの「分身」に他ならない政治エリートと国家機構は、シティのために経済政策を決定し執行した。その政策体系の三本柱とは、貨幣(マネー)取引に不可欠の基礎をなす「金本位制」、ポンドに対する国際的信任を確保するための「均衡・健全財政」、イギリス資金の世界的循環を維持するための「自由貿易」政策である。

こうしてジェントルマン資本主義はイギリス帝国内外の諸国にポンド資金を散布しつつ「見えざる帝国」(＝「金融帝国」)を建設し、ロンドン資金(その源泉は東南部イングランドのランティエ層)の供給量調整を通じて帝国諸地域を「ロンドンが決定するゲームのルール」に従属させることができたのである。評者の理解では、一八五〇年代に至るジェントルマン資本主義の第一局面は、シティ金融エリートの発生過程の分析である。また第一次大戦以降は、イギリス資本主義におけるシティの中核的地位と彼らの強靭な生命力についての「長いエピローグ」であるとみてよい。本書の時代的焦点は、あくまで一八九〇年から第一次大戦に至る商業的・金融的発展局面にある。

3

以上、評者の理解に即してケイン＝ホプキンズによる「新解釈」の要点を紹介した。本書の主題の一つ、イギリスによる海外支配についてのコメントは別の機会に譲り、主としてジェントルマン資本主義の内的編成について若干の私見を述べたい。

第一に、著者の方法的視点について。「解説」によると、ジェントルマン資本主義論は「地主を中心とするジェントルマンのヘゲモニーが、イギリス近代を規定した」とみる通説を補強する議論だと受け取られているようである（一八二頁）。このような評価は妥当であろうか。先に指摘したように、ジェントルマン資本主義論のモデルは、明らかに古典的帝国主義期のイギリス資本主義である（xii頁）。シティ金融資本＝特殊イギリス型金融資本の把握を出発点として、発生史的視点からイギリス近代史を遡り、十七世紀末のイングランド銀行創設を基軸とする財政変革＝ブルジョワ革命に辿り着いたのである（なお、十九世紀中葉の再編成については、「連続面」と同時に「断絶面」にも留意すべきであろう)。方法論的にいって、これは決して土地貴族の進化・発展史ではない。同様にこのような方法論からすれば、工業＝産業資本主義の位置と役割は最初から視圏の外に放置されざるをえない。海外の書評の多くは、ケイン＝ホプキンズの歴史像を「ロンドンとイングランド南部に片寄った一面的解釈」と批判しているが、その原因は方法論的視点そのものにある。

第二に、ジェントルマン資本主義概念について。「解説」によると、このキー概念は著者による独創的な概念とみられている(一六〇―六一頁)。そもそもこの概念はどのような必要から生み出され、歴史認識の深化にどのように役立つのであろうか。この点を理解するには、著者が立論の前提としている歴史認識の図式に注目しなければならない。著者の場合、経済的利害(富＝資産形成力)、社会的地位、政治権力へのアクセス能力、政策決定過程への影響力、これらの間には常に恒等式が成立する。結論をいえば、ジェントルマン資本主義は支配的な経済的利害(シティ金融資本家)の政策要求が必ず決定・執行される「構造」を示すために生み出された概念である。

ジェントルマン資本家とは何者か。著者によれば、彼らは「社会に光彩を添え」、「経済活動の立役者」であると同時に「政治に卓越」している社会層である(七三頁)。イギリス近・現代史の社会構造分析の焦点は、社会階層システムの頂点に盤踞する極めて凝集度の高い「支配層」集団＝エスタブリッシュメントの経済的基盤を解明することにあった。著者のキー概念は、こうした「支配層」集団と異ならないと思われる。実態的には単にシティ金融権力で理解される内容に仮面をつけ、神秘化することにより、逆に「説明力」は低下したのではあるまいか。

第三に、本書の「新解釈」について。著者はジェントルマン資本主義論成立の背景として、一九八〇年代に登場するシティ商業・金融セクター研究の「新しい波」を挙げている（商業・金融企業の経営史研究を含む）。ルービンステイン、リー、インガム、カシスなどの研究がそれである。その一部は「解説」に紹介されているが、新たな問題関心に基づくこうした実証研究の意義が、わが国で十分に評価されているとは思われない。評者がジェントルマン資本主義論に注目する所以は、それが纏っている「古い衣裳」ではなく、近・現代史におけるシティの歴史的地位と役割に改めて注目を喚起した点を評価するからである。「マンチェスター＝ロンドン枢軸」なる表現が象徴するのは、シティをイギリス資本主義発展の延長線上に捉えようとする視点である。「新解釈」の立場をやや誇張して捉えれば、シティはイギリス資本主義の対外業務を担当したばかりでなく、国民経済の編成から区別されるコスモポリタン的商業・金融組織の世界的センターでもあった。嘗て中川敬一郎氏が指摘されたように、イギリス経済の特徴的一側面は「取引所経済」（＝「中継港経済」）を早熟的に発展させた点にある。「新解釈」は、イギリス資本主義の構造論的把握が見落としてきたシティの諸側面に注目を喚起したものと受け止めたい。

最後に、イギリス資本主義の地帯構造について。著者の意図は、イングランド南部の商業・金融セクターの視点から、イギリス資本主義の発展と海外プレゼンスを説明することにあった。しかしそれは、イングランド北部の地方的工業を軸とする資本主義発展を否定することと同義ではない。著者も、「イギリスが工業化したという否定し難い事実を否定するものではない」（七頁）と述べている。ケイン＝ホプキンズの議論で最も注目されるのは、イギリス資本主義の二元論的把握であろう。十七世紀末に骨格を現わす近代イギリスは、一つの国民経済という外皮の下に異質の経済構造に規定された地帯構造を隠していたのである。工業的北部と金融的南部の対抗と依存、『分裂した資本主義』（インガム）におけるこの関係の把握にこそ、イギリス近・現代史の軌跡を読み解く鍵があるのではないか。以上の意味で、本書の内容は綿密な検討に値しよう。なお、蛇足を一点。座標軸の組み替えとともに、歴史の全体像は変化する。著者の「新解釈」が「イギリス近代史の新しい正統の地位を得るかどうか」（一六〇頁）はどうでもよいことと思われる。（邦訳は竹内幸雄・秋田茂の両氏による。）（一九九六年）

二　ケイン／ホプキンズ『ジェントルマン資本主義の帝国、Ⅰ、Ⅱ』

（名古屋大学出版会、一九九七年）

1

本書は、一九九三年ロングマン社から刊行されたケインとホプキンズの二冊の共著、*British Imperialism: Innovation and Expansion, 1688–1914*, 及び *British Imperialism: Crisis and Deconstruction, 1914–1990* の邦訳である。本書の成立事情について一言すれば、共著は一九七〇年代後半に開始された共同研究の集大成といってよい。まず一九八〇年、本書の原型ともいえる共同署名論文「イギリス海外膨張の政治経済学(一七五〇—一九一四年)」が『経済史評論』に登場する。続いて一九八六／七年の同誌に「ジェントルマン資本主義」をキー概念とする「新しい歴史解釈」の骨格が提示された(以上の二論文は、訳書Ⅰの共訳者により邦訳されている。『ジェントルマン資本主義と大英帝国』岩波書店、一九九四年を参照)。

ジェントルマン資本主義を「編成原理」としてイギリス帝国主義の全体像を把握しようとする壮大

な計画は、さらに数年を経て漸く完成したことになる。核心の論点はこうである。著者は十七世紀末のブルジョワ革命を起点とし、第二次大戦後の「帝国解体」に至るイギリス資本主義の基本性格をジェントルマン資本主義と捉える。同時に、「その出自をヨーマンやジェントリーに遡る」（邦訳書Ⅰ、二九頁）産業資本主義をイギリス資本主義の中核的勢力とみる通説を否定した。「ヨーマン資本主義」は、ジェントルマン資本主義的構造の枠組みの内部で成長・発展し、また没落を余儀なくされたマイナーな存在にすぎない。以上の大胆かつ挑発的な新解釈は、当然のこととはいえ「書評の洪水」を引き起こした（邦訳Ⅰの巻末には、その一端が紹介されている）。その多くは著者の主張を「一面的な誇張」と批判している。しかし、時の経過に伴う「視点の移動」によって歴史像は不断に刷新される。「遠ざかるにつれて山麓の小丘は後景に退き、山塊はその真の姿を現わす」（マサイアス）。この比喩は、ケインとホプキンズが描くイギリス近現代史像にも妥当するのではあるまいか。

紙幅の制約から、本書が提示する多岐に亘る論点を仔細に検討する余裕はない。コメントは、ジェントルマン資本主義の影響力が最も鮮明に現われる第一次大戦前の時期に絞りたい。以下、訳書Ⅰの構成と内容を簡単に紹介し、若干の私見を述べることにしたい。

2

まず、訳書Ⅰの構成をみよう。第一部「序論」／第二部「ジェントルマン的秩序」／第三部「広大な世界」／第四部「再分割された世界」、以上の四部に一五章が配置されている（訳書Ⅱの構成もほぼ同様である）。序論では、イギリス帝国主義とイギリス資本主義にかかわる二系列の研究史が批判的に検討され、本書が追究する「問題」と新解釈の見取図が示されている。第二部は、イギリス資本主義の内的編成とその進化の諸局面の分析に、また第三部は海外プレゼンスないし帝国主義的海外支配の諸形態の分析に充てられている。

ジェントルマン資本主義とはどのような概念であろうか。その解明が第二部の中心課題である。著者によれば、資本主義経済の成長と発展を牽引するのは産業資本主義だけではない。特にイギリス経済の場合、東南部イングランドとロンドン・シティを拠点とする非産業的資本主義活動、つまり土地＝農業資本主義と商業的・金融的資本主義が決定的地位を占めており、産業＝製造工業は単に周辺的存在に留まる。「土地とシティの同盟」を基本構造とするジェントルマン資本主義は、十七世紀末の名誉革命を契機としてその原型が成立する。この同盟は十九世紀後半、シティを主たるパートナーとする「新ジェントルマン資本主義」に再編成された。

第二部の諸章は、工業的弱体化と国際的商業・金融活動の跛行的発展が際立ってきた第一次大戦前の時期の、シティ資本主義に関する多面的分析である。この間、ジェントルマン資本家たる「金融エリート」（マーチャント・バンカーと有力な個人銀行家を指す）は、富＝資産形成力の中心に位置し、その政治的影響力によりシティ利害を「国益」とみなす経済政策を決定した。その基調はグラッドストーン的・正統的財政、金融、貿易政策の堅持である。しかし、シティの対外的活動のなかでとりわけ著者が注目するのは、帝国建設の原動力をなすポンド資金の海外諸国への供給→「資本輸出」である。

第三部の主題は、ジェントルマン資本家の海外諸国への進出・浸透である。ジェントルマン資本主義に統合された「広大な世界」は、公式・非公式帝国の双方を含み、定住植民地、南米、インド、アフリカ、オスマン帝国、ペルシャ、中国に広がる。著者の意図は、以下の論点の解明である。第一に、帝国の礎石をなす資本輸出と金融的浸透はいかに推進されたのか。シティの「政治的パトロン」、ジェントルマン資本家の「分身」にしてエイジェントたる政治エリートが、この過程で決定的役割を果す。著者のいう帝国とは、すぐれて「金融の見えざる帝国」を指すのである。第二は、海外に蓄積された金融資産はいかにして保全・回収されたのか、そのメカニズムの析出である。イギリス資本輸出の多くが植民地・外国公債の形態をとったことから推測されるように、その方法は債務国の国家財政を操作することであった。第三に、金融的従属国はイギリス（＝シティ）の求める正統的財政＝金融政策を遵守した。「ロンドンが決定するゲームのルール」の受益者は誰であろうか。債務返済を最優先する財政＝関税政策はシティの利益であり、工業利害は常にその犠牲者となったのであった。

なお第一次大戦以降を対象とする訳書Ⅱは、世界経済の混乱にもかかわらず、ジェントルマン資本家がいかに状況変化に「適応」し、強靭な生命力を発揮し続けたかを強調している。しかし、シティの地位と役割の基底をなす金融力は著しく弱体化しており、著者の歴史認識は多くの難点を含む。

3

先に指摘したように、本書には数多くの書評が寄せられている。訳者による「解説」も念頭において、私見の一部を摘記しておきたい。

第一に、著者の方法的立場について。ジェントルマン資本主義論の時代的焦点は、ロンドン・シティの国際的商業・金融センターとしての機能が極大化した一八八〇年代以降のイギリス経済である。著者の意図は、当該期の「シティ」資本主義をモデルとして、発生史＝系譜論の観点からイギリス近現代史を考察することにある。論理の構造は、「産業資本の系譜」論と異ならないといえよう。大塚久雄氏の方法論を想起されたい。「近代産業資本の系譜」論において、商業・高利貸資本は「前期的資本」と一括され、近代社会形成史の考察から除外された。ジェントルマン資本主義論においては、産業資本とその系譜の考察は、当初から「捨象」されているのである。外見的に二つの歴史像は非常に異なるが、「論理の構造」は同一であるように思う。従って、例えば新解釈には「製造業が欠落している」との批判があるが、やや的外れといえよう。

第二に、ジェントルマン資本主義概念について。著者が共同研究を始めた動機は、ギャラハーとロビンソンが捉えた「政府当局者」(Official Mind) 像を批判し、政策決定過程を担当する「政治エリート自身の経済的利害」を解明することにあった。周知のように、イギリスには資産＝経済力、社会的地位、政治権力を一手に集中する「少数の特権的支配層集団」＝エスタブリッシュメントが存在するとされ、その歴史学的解剖が試みられてきた(アンダーソンやサムソンなどの業績を参照せよ)。ジェントルマン資本家の内容は、この「支配層」概念と異ならないとの印象を受ける。著者は、この「古典的テーマ」について、支配層の正体はシティ金融権力であると主張しているのである。相違は、ニュー・レフトが「退廃」とみた資本主義を「賛美」したことであろう。

第三に、海外プレゼンスについて。内外の書評では、資本輸出のみを帝国建設の原動力とみることへの当否を除いて、必ずしも十分な議論がなされていない。まず著者は、公式・非公式の帝国をどのような序列で捉えているのであろうか。付表を一瞥されたい。一九一三年の国別長期海外投資残高規模と帝国の序列(第二部の目次を参照)は一致する。多角的貿易決済構造の「中心」に位置するインドは、著者の帝国にあっては第三の地位しか与えられていない。果してシティはこのような観点から「金融帝国」を捉えていたのであろうか。いま一点。帝国主義にとって「動機」以上に重要な問題は、海外支配維持のメカニズムであろう。著者は、金融的浸透と債務国の財政支配＝従属の関係について、綿密な検討を試みている。この点で本書はフェイスの分析視点を継承するものであり、その方法を「金融帝国」の全領域に適用した議論であると評価できよう(以上の点を詳論する紙幅がない。さしあたり、吉岡昭彦「資本輸出＝海外支配論覚書——H・フェイスの著作を中心として」『土地制度史学』第一〇四号と対比されたい)。

最後に邦訳について。概してリーダブルといえるが、訳者によるバラツキも多い。邦訳Ⅰ第六章「二つの国家」の内容は、まさに「二つの国民」の説明であるが、新たな訳語が適切であるとみる理由はない。邦訳Ⅱでは、肝心のジェントルマン資本主義の拠点、シティの金融活動についての訳語は著しく精確さを欠く(例えば、邦訳Ⅱ、一〇頁を点検されたい)。ともあれ、流通傾斜型シティ資本主義を強調する問題の書が、多くの読者をえるよう期待したい。(邦訳Ⅰは竹内幸雄・秋田茂、Ⅱは木畑洋一・旦祐介の各氏による。)

(一九九八年)

付表 イギリス長期海外投資残高の地域分布（1913 年）

（単位：100 万ポンド）

Canada and Newfoundland	514.9
Australia and New Zealand	416.4
South Africa	380.2
West Africa	37.3
India and Ceylon	378.8
Starits Settlements	27.3
British North Borneo	5.8
Hong Kong	3.1
Other Colonies	26.2
帝国諸国合計	1,780.0
アメリカ合衆国	754.6
Argentina	319.6
Brazil	148.0
Mexico	99.0
Chili	61.0
Urguay	36.1
Peru	34.2
Cuba	33.2
Remainder Latin-America	25.5
ラテン・アメリカ合計	756.6
ヨーロッパ合計	218.6
Egypt	44.9
Turkey	24.0
China	43.9
Japan	62.8
Rest of Foreign World	77.9
外国諸国合計	1,983.3
長期海外投資残高合計	3,763.3

（H. Feis, *Europe, The World Banker, 1870–1914*, p. 23 より作成）

三　イギリス近代史における「地帯構造」（『熊本歴史科学研究会会報』、一九九五年）

1

わが国のイギリス近代史研究は、長い混迷の時期を脱却し、新たな発展の局面を迎えようとしているのではないか。ケインとホプキンズの共同署名論文における「ジェントルマン資本主義」論の提唱（一九八六／八七年）は、誇張していえば、研究史の転回を引き起こしたといっても過言ではない。その後、彼らの仮説は大幅に増補され、二巻の浩瀚な著作『イギリス帝国主義・創生と膨張』、『イギリス帝国主義・危機と解体』（一九九三年）に結晶している。新著は、十七世紀末から現代に至る三世紀間を対象として、政治及び政策決定過程を含め、イギリス資本主義の内的編成を「ジェントルマン資本主義」と把握する。またこの概念を手掛かりとして、近代イギリスが展開した厖大な公式・非公式の海外支配（＝帝国主義）を包括的に説明しようとするものであり、まことに刮目すべき大作といえよう。

本書をめぐり、検討すべき論点は多岐に亘るが、ここではただ一つの論点、すなわち近代イギリスにおける「地帯構造」の問題に論及したい。その理由は、わが国の戦後歴史学において「忘れ去られた」とはいえ、近代史の全体を見通す上で、看過できない問題点を、従ってまた今後の歴史学が追究すべき課題をここに読み取ることができるからである。

2

「地帯構造」とは何か。またイギリス近代史のなかに、これを見いだすことができるか。戦後歴史学の枠組みで考えると、イギリスは資本主義的近代化のモデル国であり、最先進国として独自の地位と役割を与えられてきた。「自生的」という表現が明示するように、世界史上、イギリスのみは社会構造の内在的進化を基礎として、自力で資本主義的近代化を達成したのである。以上の過程は、最終的には「近代的大土地所有制」に帰結するイギリス農業の資本主義的改造を前提とするが故に、論理的には近代イギリスのみは「地帯構造」をもつことはない。他方、後発資本主義諸国は、多かれ少なかれイギリスの経済的・政治的側圧を被りつつ近代化の道を歩んだのであるから、そこには独自の地帯構造が形成されざるをえないであろう。

典型はドイツ資本主義である。プロイセン主導の政治的強力によって成立したドイツ帝国は、経済的にはブルジョワ的西部とユンカー的東部（オスト・エルベ）の複合的構造を抱え、「ドイツ関税同盟」の結成にもかかわらず、「二つの異なった構造を抱える両地帯」の経済循環は容易に展開しえなかったのである。アメリカ資本主義における「セクション」(東部のニュー・イングランド工業地帯と南部のモノカルチュア的綿花地帯を対比せよ)も同様に理解することができよう。もっともホブズボウムが指摘するように、イギリスにも「資本主義的国民経済におけるプロヴィンシアリズム（provincialism）」は存在する。一個の「植民地的」従属経済としてイギリスに包摂されたアイルランドの場合がそれである。問題は、イギリスの本体部分、つまりイングランドの場合である。

3

ケインとホプキンズの「ジェントルマン資本主義」論について、筆者が最も注目するのは、立論の根底にある地帯構造論的把握である。彼らは、十七世紀末に骨格を現わすイギリス資本主義の社会構造を、東南部イングランドの土地貴族(その経済的基盤は農業)、ロンドン・シティの商人・金融業者(その基盤は、対外的商業・金融活動)、イングランド北部の製造業者、これら三者の結合＝同盟関係から捉えるのである。現代まで続くこの資本主義の中核をなすのは土地貴族とシティ金融業者の「南部同盟」であり(但し、十九世紀中葉以降、南部同盟の主導権はシティのバンカー＝金融業者に移行する)、ランカシャー綿業資本家に代表される北部製造業者は、ジェントルマン資本主義の「底辺」の位置から脱却することはできなかった。しかも南部同盟のパートナーと北部製造業者は、社会的・経済的に区別されるばかりでなく、地理的・空間的にも「隔離」されていた点が重要である。両者は、政治権力との距離、従って政策決定過程への影響力においても大きく異なっていたのである。近代イギリスは「二つの国民経済(並びに国民国家)」という外皮の下に、異質の経済構造に規定された地帯構造を隠していた、このように考えてよかろう。

『分裂した資本主義』(G. Ingham, *Capitalism Divided? The City and Industry in British Social Development*, London, 1984) の著者インガムは、両者の乖離とイギリス資本主義における「二元性」(dualism) の存在を一層徹底して主張している。インガムによれば、ロンドン・シティは当初から資本主義的世界システムの商品・資本取引の「仲介業務」を営むコスモポリタン的商業＝決済センターに他ならず、産業資本を代表する北部製造業は、こうしたイギリスの地位とは別個に自生的に成長・発展し、また衰退していったのである。以上を要約すれば、イギリス資本主義「本体」の特徴は、生産国家にではなく、「流通傾斜型」資本主義と形容される側面にこそ見いだされるであろう。イングランド中央部を東西に横断する「構造帯」、ハンバー＝ディー・ラインを境界線として、北と南はディズレーリのいう「二つの国民」に分裂していたのである。

4

紙幅の都合で結論を一点に絞りたい。戦後歴史学はひたすら「産業資本」に焦点を当て、こうした視角からイギリス近代史像を描いてきた。産業資本の成長と発展とともに、旧套的土地貴族とこれに結びついた「前期的資本」（商業、高利貸＝金融資本）は近代資本主義から駆逐されるはずであった。その意味では、産業資本とその系譜につながらない資本類型の存在を意図的に「捨象」してきた、こういっても過言ではあるまい。しかし、「純粋培養的」産業資本主義のモデル分析から「資本の運動法則」を析出できたとしても、このような方法から歴史発展のダイナミクスや、史的発展の全体像を捉えることは困難ではなかろうか。実際、イギリス近代資本主義はまぎれもなくオランダ型貿易国家の一側面を継承した、商業的ヘゲモニー国家でもあったからである。地帯構造論の意義は、戦後歴史学のイギリス近代史像が切り捨てた、しかし全体像把握には欠くことのできない諸側面を解明する方法論を提示した、このようにいえるのではあるまいか。

（一九九四年）

四　ケイン「非公式帝国とジェントルマン資本主義」・訳者注記

（『文学部論叢』、一九九七年）

1

本訳稿「非公式帝国とジェントルマン資本主義——一九一四年以前のイギリスと中国」（'Informal Empire and Gentlemanly Capitalism: Britain and China before 1914'）は、平成八年十一月二十五日、熊本大学文学部で行なわれたピーター・ケイン教授（シェフィールド・ハーラム大学教授）による講演原稿の邦訳である。当日の講演と若干異なる点があるが、これは後日未定稿では省略されていた脚注を補って頂いた折、修正・加筆がなされた結果である。訳稿は高田実氏（九州国際大学）との共同作業によるが、最終的には桑原が調整した。

2

まず、ケイン教授の経歴と研究業績を簡単に紹介しておきたい。教授は一九四一年、イングランド北部の旧工業地帯ランカシャー、その首都マンチェスターを囲む旧綿業都市の一つ、ボウルトンの生まれである。同地のグラマー・スクールを経てオクスフォード大学、ユニヴァーシティ・カレッジを卒業された。学位取得と同時に西ミドランドのバーミンガム大学に移られ、三十年間同大学に在職された。バーミンガムは、マンチェスターと並び産業革命を担った著名な金属工業都市である。最終のポストは、この大学が誇るイギリス帝国史講座担当のリーダーであった。一九九五年シェフィールド・ハーラム大学に転じ、現在同大学の研究専任教授(歴史学)に就任されている。周知の通り、シェフィールドもまたベッセマー法生誕の地として名高い旧製鉄都市である。こうしてみると、教授ご自身はその学説にもかかわらずイギリス産業革命ゆかりの工業地帯周辺で研究生活を送られたことになる。余談であるが、第二次大戦後の衰退し切った工業的北部と、青年期を過ごしたイングランド南部についての個人的体験が、ジェントルマン資本主義論の発想の原点であったらしい(永井章夫訳「ジェントルマン資本主義とイギリス帝国主義――いかに発想し、深めたか」『アジア太平洋論叢』第七号)。

ケイン教授は、今日のイギリス近現代史の領域で最も高名かつ多産な研究者の一人といえよう。その業積は、大別すれば以下の三分野に整理できる。第一は、ハバカク教授の指導の下で行なわれたイギリス鉄道史研究である。一九七二年『経済史評論』に公表された論文、'Railway Combination and Government', *Econ. Hist. Rev.*, 2nd ser., XXV, 1972 に対し、経済史学における新進学徒の登竜門ともいえるトマス・アシュトン賞が贈られた。第二の系列は、帝国主義理論史の研究である。その中心をなすのがホブソンの金融的資本主義論の研究である。この分野の最初の業績「ホブソン、コブデン主義と経済的帝国主義の社会理論」('J. A. Hobson, Cobdenism and the Social Theory of Economic Imperialism', *Econ. Hist. Rev.*, 2nd ser., XXXI, 1979) は、ホブソンの金融的資本主義論ないし経済的帝国主義論のイギリス的特質を明らかにした画期的労作である。付言すれば、当時のわが国でのややステロ化したホブソン研究(――レーニンを基準とし、改良主義者ホブソンの位置を確認すれば足れりとするような思想史研究を指す)しか念頭になかった筆者には、ケイン論文の登場はまさに晴天の霹靂といえた。一連のホブソン研究は、主要帝国主義の類型論を加えて一書に纏められ、オクスフォード大学出版局から刊行予定と伺っている。

第三の分野がバーミンガム大学の同僚、ホプキンズ教授(現在、ケンブリッジ大学)との長年に亘る共同研究「ジェントルマン資本主義」論である。その原型は一九八〇年に発表された共著論文(邦訳『ジェントルマン資本主義と大英帝国』岩波書店、一九九四年、参照)である。これを起点として、イギリス資本主義の成長と発展を縦軸に、三世紀に亘る広大な帝国支配の全体像を描いた「新たなグランド・セオリー」は、一九九三年の二巻の大著に結晶した(竹内幸雄・秋田茂訳『ジェントルマン資本主義の帝国Ⅰ、創生と膨張、一六八八―一九一四年』、木畑洋一・旦祐介訳『ジェントルマン資本主義の帝国Ⅱ、危機と解体、一九一四―一九九〇年』名古屋大学出版会、一九九七年)。

本書の構想を素描した一九八六/八七年論文(前掲訳書『大英帝国』)が公表されると同時に大論争が惹

起されたが、共著の刊行によって論争の環は一挙に国際化し、現在も進行中である。一九九六年度のアメリカ歴史学協会賞が授与されたことから知られるように、欧米学界の評価は一面で高い。他方、現在公表されている書評から判断する限り、とりわけイギリスでは批判的論調が強いといってよかろう。同書をめぐるシンポジウム記録も近刊の予定である（R. E. Dumett (ed.), *Gentlemanly Capitalism and British Imperialism*, London, 1999）。賛否は極端に二分されている。この議論はイギリス近・現代史の全領域をカバーする体系的歴史像の書き替えであるだけに、論争は今後も続くであろう。筆者は、共著が提示した方法論的視点と歴史解釈が「甚だ一面的である」と考えている。それにもかかわらず、第一次大戦に先立つ「古典的帝国主義」段階におけるイギリス帝国主義の構造的特質を把握するために、大きく寄与する業績であると考えている（評者の理解については、拙評『経営史学』第三二巻、第四号、一九九七年、本書Ⅳ–一参照）。

3

では、ジェントルマン資本主義論とはどのような議論であろうか。以下にその骨子を紹介したい。ジェントルマン資本主義論には、二つの焦点がある。第一は、十七世紀末の「ブルジョワ革命」を出発点とし、ビッグ・バンの現代に至るイギリス資本主義の内的編成をいかに把握するかという論点である。周知の通り、通説は「最初の工業国家」における近代資本主義発展の推進力は、産業資本＝工業セクターであるとしている。これに対し、ケインとホプキンズは土地＝農業資本主義とロンドン・シティを中核とする商業的・金融的資本主義、つまり「資本主義の非産業的形態」こそイギリス資本主義成長の推進力とみるのである。換言すれば、ロンドンとイングランド南部の「土地貴族とシティ金融利害関係者の同盟」、「南部同盟」に結集されたジェントルマン勢力こそ、「近代」イギリス資本主義の担い手に他ならない。但し、ブルジョワ革命を契機として成立した同盟関係は、十九世紀後半に大きく変化する。世紀末「農業大不況」の到来とともに、土地貴族の経済的地位は低下し始め、シティ国際商業＝金融セクターの、従って有力マーチャント・バンカーを中心とする金融貴族の決定的優位が確立するのである。イギリス資本主義の内的編成に即していえば、ランカシャー綿業資本に代表される産業資本は常にマイナーな、周辺的存在にすぎなかったわけである。

第二は、以上のような内的編成ないし「構造」を踏まえたとき、イギリス近代史の際立った特徴をなす広大な植民地帝国の建設（より一般的に表現すれば、「海外プレゼンス」）はどのように把握されるか、という論点である。ケインとホプキンズによる新テーゼ提出の意図は、単にイギリス資本主義の特質を明らかにするに留まらず、むしろジェントルマン資本主義利害を原動力とする帝国形成過程を把握することにあった。批判の標的とされた通説は二通りある。一つは、帝国主義の経済的要因を否定したギャラハーとロビンソンの「自由貿易帝国主義」論である。いま一つは、経済的要因は認めるとしても、主として産業資本＝工業利害に即して海外膨張を説明しようとする立場である。

結論をみよう。ジェントルマン資本主義の構造に即して帝国の膨張過程をみると、帝国政策の担い手たる「政治当局」(Official Mind) は土地貴族の専一的支配下にあり、その政策決定過程に影響力を行使しえたのは、「南部同盟」のシニア・パートナーたるシティの金融資本家であった。とりわけ産業的弱体化と商業的・金融的発展の対照が鮮明となる十九世紀末以降、シティの資本輸出利害こそ「帝国成長の機関車」であった、――これがケインとホプキンズによるジェントルマン資本主義論の大筋である。

4

以上の議論を踏まえ、文学部セミナーで報告された「非公式帝国とジェントルマン資本主義――一九一四年以前のイギリスと中国」について簡単にコメントしておきたい。「非公式帝国」とは、「ヴィクトリア中期のイギリス帝国主義」の独自な存在形態を捉えるため、ギャラハーとロビンソンが用いた概念である。両者によれば、当該期のイギリスは、公式の植民地統治を伴わない非公式支配を全世界に張り巡らした。しかし、一八七〇年代以降のいわゆる「帝国主義」段階に入ると非公式支配は後退し、アフリカ分割が象徴するような植民地統治の拡張が生ずるのである。このような支配が典型的であった地域が、ラテン・アメリカ、中近東、アジア＝中国であった。

ケイン教授の「非公式帝国」論の意図は、以上のギャラハー＝ロビンソン説を批判し、①グローバルな視点に立つ場合、非公式支配は縮小＝衰退するどころか、一八八〇年代以降も拡張を続けていること、②非公式支配の新たな発展は、ジェントルマン資本主義の再編成→シティ金融利害の主導性の確立に負うものであること、この二点を強調することにある。ここで盟友ホプキンズ教授がラテン・アメリカについて検証した、イギリス資本輸出の拡大と非公式帝国の成長という図式が立論の前提となっている。ラテン・アメリカと比較した場合、第一次大戦前の中国におけるジェントルマン資本主義と非公式支配は、成長しつつあったのか否か、この点に結論を下そうというのである。

教授はストレインジの「構造的権力」の概念を援用し、非公式支配の定義を明確化すると同時に、特に信用＝金融的支配力に注目する。こうした観点に立てば、非公式支配の発展や衰退は、最終的にはロンドン・シティから供給される資本輸出量によって決定されるであろう（見えざる「金融帝国」）。本書Ⅳ−二（一三六頁）の付表は、フェイスが作成した有名な統計であるが、ここから第一次大戦前におけるイギリス非公式帝国の大略の位置を知ることができよう。一見して明らかなように、ラテン・アメリカ諸国と比較して、中国における非公式帝国が強力であったとはいい難い。イギリス外務省の強力な支援にもかかわらず、対中国資本輸出が伸張しなかった理由は何か。実は、新著では中国におけるジェントルマン資本主義の「成功の側面」が強調されていたのであるが（訳書Ⅰ、第十三章末尾、「新たな金融帝国」を参照）、文学部セミナーでは、外務省＝政治当局が期待するほど資本輸出を動員できなかったジェントルマン資本主義の「限界」ないし「脆弱性」が注目されることになる。

これ以上立ち入ったコメントは差し控えるが、なお一、二点付言しておきたい。その一つは、対中国イギリス資本輸出の「脆弱性」が研究史上どのように議論されてきたかという点である。核心の論点は、資本輸出と商品輸出の結合度であろう。列強の対中国鉄道借款は、公債発行契約にさまざまな形で資財供給のための「商品約款」を盛り込んでいたのであるが、イギリスだけは資財調達を「自由競争」に任せた。従って資本輸出と商品輸出の結合度は相対的に弱く、イギリス資金は対米、対独資財購入に振り向けられたのである（G. Tacke, *Kapitalausfuhr und Wahrenausfuhr, eine Darstellung ihrer unmittelbaren Verbindung*, Jena, 1933. 本書に基づく以下の論考を参照。森恒夫「イギリス帝国主義小論」鈴木鴻一郎編『マルクス経済学研究』下、東京大学出版会）。「六ヵ国借款団」問題の経緯は、シティ支配層やイギリス政府当局が金融資本の国際的協調のために、シティ・アウトサイダーや産業資本の要求を無視したことを示している。「脆弱性」について、極めて対照的な見方があることに留意しておきたい。

いま一つは、ラテン・アメリカで成功した金融的サテライトの構築と非公式帝国の拡大が、アジア世界では必ずしも成功するに至らなかった理由は何か、という問題である。イギリス外務省は、トルコの場合にもペルシャの場合にも、特定の有力なシティ金融グループに外交的支援を集中した。しかし、その結果はフェイスの推計が示す通りである。なお、いわゆる「金融外交」の研究史整理は、以下を参照されたい（P. L. Cottrell, 'Great Britain', R, Cameron and V. I. Bovykins (eds.), *International Banking, 1870–1914*, London, 1991)。中国を含む非公式帝国への資本輸出についての比較史的研究は、ケイン教授ご自身が今後の研究課題とされているところでもある。資本輸出という視点から、「文化的帝国主義」や「自由貿易帝国主義」が論ぜられることになろう。ケイン教授の研究成果に期待したい。

筆者は、このセミナー準備作業の一環として「非公式帝国論——中国の場合」の執筆を計画したが、様々な事情で果せなかった。他日を期したい。ここでは、当該期のイギリスによる対中投資を考える上で有益であった著作を二点挙げておこう。E. W. Edwards, *British Diplomacy and Finance in China, 1895–1914*, Oxford, 1987 と C. F. Remer, *Foreign Investment in China*, New York, 1933（東亜経済調査局訳『列強の対支投資』慶応書房、一九三三年）がそれである。これらはケイン教授の議論を理解するためにも有益であろう。

（一九九七年）

V

学界展望——イギリス近代史研究

本章には、イギリス近代史の最終局面をなす帝国主義時代の研究に関する学界動向三編を収めた。執筆年次は、それぞれ一九七三、八四、七八年である。この間、イギリス近代史研究の時代対象は、産業革命、資本主義確立期、十九世紀末「大不況」、帝国主義期へと推移したわけで、それなりに新たな研究領域が開拓されてきたといえよう。一九七〇年代半ばまで、筆者の問題関心はイギリス鉄鋼業における独占形成にあったにすぎず、イギリス帝国主義をめぐる学界動向などを論評する資格に欠けていたといわなければならない。実際は、こうした研究史の検討を出発点として、イギリス帝国主義の諸側面の解明を主要なテーマとするに至ったのである。

以上の学界展望を顧みると、わが国におけるイギリス帝国主義をめぐる議論は、ホブソン＝レーニンの古典的帝国主義論からギャラハー＝ロビンソンの「自由貿易帝国主義」論へ、そして「ジェントルマン資本主義」論へと旋回したわけである。レーニン「五つの基本的標識」を基準とする議論に一旦距離をおくことによって、スコラ的論争の世界から脱却できた点は進歩であろう。本章の中心的議論は「自由貿易帝国主義」論であるが、すでに明らかな通り、「ジェントルマン資本主義」論の出現により、議論の焦点は再びイギリス金融資本主義の特質把握に向かっている。

一　イギリス帝国主義研究――現状と課題

（『社会経済史学の課題と展望』有斐閣、一九七六年）

1

周知のように、わが国におけるイギリス帝国主義の研究は、系列を異にする二つの立場、すなわち宇野弘蔵『経済政策論』（弘文堂、一九五四年）および生川栄治『イギリス金融資本の成立』（有斐閣、一九五六年）に始まる「金融資本」範疇の理解をめぐる対立と論争により、理論的にも実証的にも発展させられてきたといえるであろう。しかしこの数年、理論分野における課題と方法の再検討の気運（例えば、『社会科学』誌上の入江節次郎の発言）とともに、イギリス帝国主義像の再構築を目指す経済史の側からの実証研究の深化により、研究史は新たな局面を展開し始めた。

すなわち、一九六〇年以降、産業資本確立期に関心を集中してきた経済史は、対象領域を十九世紀末の「大不況」（＝「農業不況」）期に拡大し、その延長線上に帝国主義世界の立体構造の解明を展望するに至った。こうして系譜・系列を異にする、諸分野の接触と交流が始まったのである。研究史の現状はまさに星雲状態を呈しており、全体像構成に向けて多様なアプローチを結合し、総括する段階には到達していない。以下では、筆者の関心を引く諸論稿を「古典的帝国主義」期に限定して紹介することにしたい。

まず経済史的観点から、イギリス帝国主義の基本骨格はどのように把握されるであろうか。全体像を概括的に捉える上での方法的提言と受け止めたい労作として、吉岡昭彦「商工業不況調査委員会報告書分析」（川島武宜・他編『国民経済の諸類型』岩波書店、一九六八年）、同「イギリス自由主義国家の展開」（岩波講座『世界歴史』第二〇巻、一九七一年）、竹内幹敏「植民地的帝国主義の基本構造」（『経済と経済学』第二九号、一九七一年）、同「十九世紀後半の世界経済」（岩波講座『世界歴史』第一九巻、一九七一年）を取り上げたい。

吉岡は、最近のイギリス学界における大不況論争が「成長率」論争に堕しつつある現状を批判し、右報告書の綿密な分析により、大不況の歴史的意義とイギリス帝国主義の成立過程の基本線を以下のように概括した。まず第一に、大不況は巨視的には一九三〇年代に至るイギリス資本主義の構造的・段階的推転過程の起点に位置すること。第二に、大不況に媒介されて高揚した貿易政策論争において、ブロック経済型帝国主義を志向する「帝国関税同盟」路線と植民地型・海外投資型帝国主義を志向する「帝国膨張」路線が対峙するが、イギリス帝国主義の特殊構成は、さしあたり後者の政策路線が貫徹する過程に見いだされること。第三に、帝国膨張路線とは、海外投資という剰余価値搾出の国際的脈管体系を掌握し、いまやイギリス資本主義の頂点に立つシティ金融資本の主導のもとに、自由貿易体制と多角的貿易決済機構を維持しつつ、植民地・後進国に対して海外投資を媒介として大英帝国の維持と拡大を図る政策路線に他ならない。かくしてイギリス型帝国主義は、具体的にはシティ金融資本とマンチェスター綿業資本（「ロンドン＝マンチェスター枢軸」）、これら両者の政策的利害の結節点をなすインド支配の確立過程として捉えられることになった。

他方、竹内もイギリス帝国主義の基本構造を「植民地型帝国主義」と規定し、これを世界市場の構造変化、「多角的貿易決済機構」の成立と関連させつつ以下のごとく論じている。第一に、イギリスは大不況を画期として「伝統的国際分業体制」下の産業貿易構造を変化させ、多角的貿易決済関係を発展させてくること。第二に、この関係は貿易構造からみると、イギリスが第一貿易環節（欧米・自治領・中南米）との貿易収支赤字を、第二環節（中東・極東地域）、とりわけ直轄領インドとの黒字で決済する関係であり、さらにこれが工業ヨーロッパに対するインド貿易収支の大幅黒字に依存していること。第三に、当該期に激増するイギリス海外投資、就中カナダを典型とする「新開拓地」への投資は、右の貿易収支構造を基礎とし、これを多角的に移転したものであること。インドに対する植民地支配＝収奪の強化と新開拓地への資本輸出の伸張、この両者を連動させるメカニズム（'multilateralism'）の形成過程に植民地型帝国主義の実像が浮き彫りされることになった。

「植民地型」というイギリス帝国主義の特質の指摘それ自体は、必ずしも目新しいものではない。しかし、イギリスを帝国主義的世界市場の中枢に位置づけ、その基底に同時代人のいう「インド(支配)型帝国主義」をみる点で両者の結論は一致する。ここにレーニンの『帝国主義論』を再構成する経済史的方法の一つが示唆されているといえよう。また両者の主張は、独自の方法的視点に立つ米川伸一「現代イギリスの史的考察――もう一つのイギリス像(一―四)」(『経済評論』第一九巻、第七、八、九、一〇号、一九七〇年)が示唆するイギリス帝国主義像に、肝心のところで重なることに注目されたい。なお、近年イギリス学界で大論争を巻き起こしている「自由貿易帝国主義」論(その紹介と批判は、山田秀雄「十九世紀イギリス帝国主義像の一側面」『経済研究』第一六巻、第一号、一九六五年)に依拠してイギリス帝国主義を理解しようとする試みが散見されるが、未だ十分に説得的ではない。宮崎犀一「自由貿易帝国主義」(『思想』第五一五号、一九六七年)、藤田暁男「イギリス大不況に対する諸資本家の対外政策構想」(『経営と経済』第五一巻、第四号、一九七一年)など。

2

大不況期における世界市場競争の激化は、イギリス資本主義の再生産構造に大きな変化をもたらした。こうした構造変化の帰結である独占形成ないし金融資本関係の分析こそ、わが国の帝国主義研究の支配的な問題関心であり、論争もまた専ら「イギリス型独占」の特質をめぐって展開されてきた。さらに独占の史的分析は、基幹産業部門の典型であり、「一般に独占形成の最良の培養基」と目される鉄鋼業に集中されてきた。中川敬一郎「大不況期のイギリス鉄鋼業」(『世界経済と日本経済』有斐閣、一九五六年)に始まる論争史において、最近の問題作は高橋哲雄『イギリス鉄鋼独占の研究』(ミネルヴァ書房、一九六七年)、徳江和雄「世紀転換期のイギリスにおける造船業と平炉鋼(一—三)」(『一橋論叢』第六七巻、第三、六号、第六八巻、第四号、一九七二—七三年)、同「第一次大戦前イギリス転炉鋼の景気循環過程における『生産の集積』と『独占の形成』」(『土地制度史学』第一五巻、第三号、一九七三年)である。高橋は、独・米との比較においてイギリス鉄鋼独占の基本型を、生産力的劣位を免れ難い「製鋼=圧延=鋼材消費部門」を縦断的に統合したコンビネーション形成(それは内外市場での競争構造とイギリス資本市場の特質に媒介されて成立した)に求め、ここに「消費産業との資本的・販路的統合による市場的な独占化傾向」を検出した。徳江の論稿は、本格的に産業循環の観点を導入した上で、独占とは「生産の集積」と「諸資本の競争制限」(「市場行動の形態変化」)の統一であるという視角から、製鋼二部門における独占形成の画期を明確にしたものであり、研究史への重要な批判を提起している。但し、以上の諸研究の意義を評価した上で一言すれば、「生産の集積」を出発点とする独占形成の分析をもって、イギリス帝国主義分析に代置(ないし等置)することは到底不可能ではあるまいか。従来の鉄鋼業史研究は、根本的な視角の転換を要請されているように思われる。

イギリス資本主義の再生産構造にとって一層重要な問題は、むしろ輸出入依存型大工業の筆頭に位置するランカシャー綿業であろう。大不況期以降の綿業の内部構造に触れた数少ない業績として、竹内幹敏「一八七〇―一九一三年間のランカシャ綿業における技術変化と市場構造」(前掲『国民経済の諸類型』)、同「国際競争とイギリス産業の停滞」(『イギリス史研究』第一号、一九六八年)がある。竹内は、当該期の技術変化と競争的地位低下の理由を問い、これを伝統的技術体系とそれに適合的な企業者職能、熟練労働力の存在、および極度に専門化した綿業内部の市場構造、以上三者の間に形成された「制度的相互連関の硬直性」に求め、この意味で「独占の立ち遅れ」を指摘された。第一次大戦前の産業構造に関説した論稿(その大半は「停滞論」)は数多いが、独占形成史でより重視さるべき「新工業」(その意義は一九二〇年代に明瞭となる)の検討が全く閑却されている点は奇異という他ない。この点、新たな領域に挑戦されつつある米川伸一の国際石油資本ロイヤル・ダッチ＝シェル成立史(「『イギリス染料』の成立と問題点」『一橋論叢』第六四巻、第三号、一九七〇年)が注目されよう。

最後に近代イギリス国家の政治＝社会体制の骨格をなす「貴族的大土地所有制」と、これを動揺させ、世紀交替期の政治危機を引き起こした農業不況について。この分野の業績は米川伸一、椎名重明の研究に集約されるが、そもそも課題と方法それ自体が際立って異質であることから、現時点で成果を概括することは容易でない。すなわち、米川が農業不況を背景とするいわゆる「土地問題」のトータルな把握を企図したのに対し、椎名重明「農業大不況――その実態分析」(『土地制度史学』第一二巻、第三号、一九七一年)、同「農業不況と農業恐慌」(『土地制度史学』第一三巻、第一号、一九七一年)は十九世紀末「農業恐慌論」の理論的＝実証的批判を課題とした。椎名は旧説の一切を否定し、世紀末農業の沈滞がハイ・ファーミングの生産力構造と「海外の競争」に起因する「農業大不況」であり、それは基本的に「生産方法の改善」と「土地所有関係の変革」（資本主義的合理化、海外競争に対するイギリス農業の自己調整）により克服されたと説く。ここから椎名は、農業大不況の過程に「農業危機」「土地所有の危機」でなく、「近代的土地所有における資本の規定性の貫徹」を読み取った。論争必至と思われる。

紙幅の制約上、金融構造（その特殊イギリス的形態）に関連する業績は一切割愛せざるをえない。綿業資本に替わり、いまや主導的資本の地位についたシティ金融資本＝金融権力の実態が一層立ち入って解明さるべきであろう。また産業循環の諸局面について、伊藤誠「大不況」（鈴木鴻一郎編『帝国主義研究』日本評論社、一九六四年）の詳細な研究があるが、大不況期の「産業循環の形態変化」とともに、帝国主義段階における恐慌史の総括的検討が要請されているといえよう。

3

次に近年のイギリス帝国主義研究にあって、とりわけ注目すべき業績として、イギリス資本主義を帝国主義的世界市場の形成と発展、その構造と動態に即して、端的に「帝国主義の世界体制」との関連で分析した諸論稿に言及したい。もちろん、こうしたアプローチが可能となるためには、産業資本主義段階の世界市場の編成構造に関する一定の理解を前提とする。関口尚志「イギリス産業資本の確立と金融改革」（大塚久雄・他編『資本主義の形成と発展』東京大学出版会、一九六八年）によれば、それは「イギリスを頂点に仏・独・米・露など西洋の後進工業諸国を周辺に配置し、外縁に植民地・農業諸国を従属させる世界史的重層構造」として現われた。問題は右の「古典的世界市場」が帝国主義段階に移行するとともに、いかなる構造変化を遂げるのか、これを総体として明らかにすることにある。すでに1で関説したごとく、大不況期の各国資本主義の不均等発展に媒介されて、世界市場は一旦多元的重層化（ブロック）への傾斜を示したのち、再び帝国主義イギリスを基軸国とする多角的貿易決済構造（を基礎とする世界市場）として再編された。この過程については、周知の S. B. Saul, *Studies in British Overseas Trade, 1870–1914*, Liverpool, 1960 に加え、D. H. Aldcroft and H. W. Richardson, *The British Economy, 1870–1939*, London, 1969; A. G. Kenwood and A. L. Lougheed, *The Growth of the International Economy, 1820–1960*, London, 1971 が是非とも検討さるべきである。

ところで、帝国主義的世界市場の全体像をひとまず右のごとく把握するとして、立体的発展構造の総体を具体的に捉えるには、世界貿易の様々な貿易「環節」が解析されなければならない。特に多角的貿易決済機構の存立にとって不可欠の「支点」がインド（インド帝国の保全、エンパイア・ルートの確保）にあり、インドに対する「スターリング支払」の強制は、現実には綿製品輸出代金の受け取りによって行なわれた。このような事実を想起すると、当面の時点でなお支配的資本の一角を構成するイギリス綿業資本とその運動を、インド市場問題の視角から追究する作業が極めて重要な意義を帯びてくること、贅言を要しないであろう。

両者の関連に論及した業績として、松尾太郎「十九世紀末イギリス綿業とアジア市場」（『経済志林』第三五巻、第四号、一九六七年）、佐々木隆雄「イギリス綿工業の停滞化とインド市場」（『経済志林』第三七巻、第四号、一九六九年）、吉岡昭彦「大不況期のイギリス綿業資本とインド綿製品関税の撤廃」（高橋幸八郎・他編『市民社会の経済構造』有斐閣、一九七二年）、同「イギリス綿業資本と本位制論争」（岡田与好編『近代革命の研究』下、東京大学出版会、一九七三年）を挙げておきたい。このうち佐々木がイギリス綿業の停滞と回復要因を農業国インドの交易条件の好転とインド消費市場の拡大に求めたのに対し、吉岡はインド綿製品市場維持がシティ金融資本の主導するインド金為替本位制の導入によると主張する。すなわち吉岡は、イギリス綿業と次第に支配的資本としての地位を獲得しつつあるシティ金融資本との、インド市場支配をめぐる対立・抗争・妥協・決着の過程を本位制論争の展開に即して追究するのである。こうしてインド市場の回復が、実は金融的支配装置の完成に支えられたものであることを論証し、併せて「世界の工場」から「レントナー国家」へというイギリス帝国主義の特殊構成への展望を与えた。詳細には論及できないが、吉岡の二論稿は、課題の設定、方法論の彫琢、史料の精査などの点で今後のイギリス帝国主義研究に大きく影響するであろう。なお、インド支配との関連で他に注目すべき労作として、インドの国際収支構造を概括的に検討した山田秀雄『イギリス植民地経済史研究』（岩波書店、一九七一年）、「忘れられた論争」ともいえる複本位制論争を掘り起こした井上巽

「十九世紀末大不況期におけるイギリス本位制論争」(『商学討究』第二三巻、第一号、一九七二年)がある。

以上のインド関係を除くと、多角的貿易構造の諸環節(対工業ヨーロッパ、合衆国、自治領など)を対象とする研究は皆無に近く、僅かに荒井政治「イギリスにおける『ドイツ製品』騒動」(『経済論集』第一四巻、第四号、一九六四年)、同「『アメリカの侵略』とイギリス産業」(『近代化と工業化』一条書店、一九六八年)を挙げうるにすぎない。また帝国主義的世界市場の総体は、商品市場関係ばかりでなく資本市場関係を組み入れ、さらに当面の段階において世界市場競争の基礎的な土俵を形造る国際金本位制の機構の分析によって初めて立体化される。後者については、侘美光彦「帝国主義段階における国際金本位制の機構(一―三)」(『経済学論集』第三四巻、第四号、第三五巻、第一・二号、一九六九年)が参看さるべきであろう。また後進工業国の側からイギリスを含む世界市場連関を問題とした論考に、藤村幸雄「第一次大戦前のドイツ貿易構造」(大塚久雄・他編『帝国主義下の国際経済』東京大学出版会、一九六七年)、伊藤昌太「独露通商対立とロシア機械工業」(『商学論集』第三九巻、第四号、一九七一年)がある。

4

帝国主義成立期のイギリスは、経済的基盤の構造的変化とこれに伴う帝国主義政策路線の錯綜した対立を反映して、政治史の上でも「保護主義」(より一般的には、重商主義的政策体系)廃棄をめぐる「危機の四〇年代」に匹敵する動揺と混乱の時代であった。こうした政治的激動の一端は、自由・保守両党による安定的二大政党体制の解体＝再編成の過程に象徴的に示されよう。一八八六年、自由党の分裂を契機とする政治過程の変動は、自由統一党と保守党の接近・癒着、南阿戦争を背景とする自由帝国派の登場、チェンバレン・キャンペーンに触発された統一党の内部抗争、再結集した自由党とユニオニスト自由貿易派の連携、等を経て一九〇六年総選挙における自由党圧勝をもって漸く一応の決着をみたのである。

以上のごとき政治的諸党派の対立と同盟は、イギリス帝国主義の政策路線が軌道づけられていく過程で発生した一連の政策論争（貿易・関税政策、植民地＝帝国政策、農業＝土地政策、社会政策、本位制政策）が背景をなしている。ここにイギリス帝国主義の全体像を捉えるには、運動体・議会・政党・政府等のレヴェルにおける政策媒体および政策決定過程における分析を不可欠とするであろう。嘗て米川伸一は、イギリス現代社会に対する理解の欠如は、実に一八八〇年以降の帝国主義に関する政治史研究の空白による、と繰り返し指摘した（米川伸一「現代イギリス」青山吉信・他編『イギリス史研究入門』山川出版社、一九七三年）。それにもかかわらず、経済過程と政治過程を視野に入れた、その意味でトータルな帝国主義把握の試みをわが国の研究史に見いだすことは困難である。

政治（史）学の領域において、固有の方法的視点に立つ若干の評伝的研究（池田清『政治家の未来像』有斐閣、一九六二年、同「ジョセフ・チェンバレンの英帝国観」年報『政治学』岩波書店、一九六六年、坂井秀夫『政治指導の歴史的研究』創文社、一九六六年など）を別にすると、研究史の空白を埋める開拓者的論文が米川伸一「『土地問題』とイギリス議会」（『歴史学研究』第三三七号、一九六八年）であることに異論はあるまい。米川は庶民院議員の職業構成を基準として、大不況以降の自由・保守両党の経済的基盤とその推移を仔細に検討し、次の結論を引き出した。自由党は工業インタレストの党として「純化」するのに対し、保守党は土地所有者の比重を漸減させつつ金融インタレストの利害を急速に増大させてくること、従って土地所有者と金融インタレストの合同・癒着、ないし前者から後者への「転態」が保守党の体質を形成してくること、ここから両者を一括したランティエ層に海外投資型イギリス帝国主義に適合的な政策主体の成立を主張したのである。右の問題提起をめぐり、目下ささやかな論争が展開されている。吉岡の前掲稿は「本位制論争」に関する限り、自由党こそがシティ金融インタレストの利害をより強く代弁しつつ、金本位制堅持の志向を貫いたと主張している。以上の論争は、とりあえずイギリス帝国主義の真の担い手が誰であったか、という素朴な疑問すら明確でない研究史の現状を示しており、すべては今後に残されている。

これに対し、最近のイギリス学界における政治（政党）史への関心の高まりはまことに刮目に値する。わが国における研究史の欠落を補うべき、ここ数年イギリス（連邦諸国を含む）で刊行された政治史関係の著作を列挙しておきたい。

まず、衰退過程に入ったとみなされる自由党関係。一八八〇年代の分裂、「世紀末帝国主義」と自由党、一九〇六年総選挙と自由党政権、「自由帝国派」等を論じた著作として、C. Cross, *The Libe-*

rals in Power, 1905–1914, 1963; Trevor Wilson, *The Downfall of Liberal Party, 1914–1935*, 1967; J. A. Thompson (ed.), *The Collapse of the British Liberal Party*, 1969; R. Douglas, *History of the Liberal Party*, 1970; P. F. Clark, *Lancashire and the New Liberalism*, 1971; D. A. Hamer, *Liberal Politics in the Age of Gladstone and Rosebery*, 1972; H.C.G. Mathews, *The Liberal Imperialists*, 1973; A. K. Russell, *Liberal Landslide. The General Election of 1906*, 1973 などがある。これらの成果は、かの地における研究史が空白であるどころか、すでに「収穫期」に入ったことを物語っている。

他方、一八八六年以降ほぼ二〇年間に亘る政権担当政党であり、とりあえずイギリス帝国主義の政策主体とみなされる保守＝統一党に関して、J. Amery, *J. Chamberlain and the Tariff Reform Movement. The Life of J. Chamberlain*, Vol. 5–6, 1969; R. V. Kubicek, *The Administration of Imperialism*, 1969; R. Blake, *The Conservative Party from Peel to Chrchill*, 1970; R. A. Rempel, *Unionists Divided. Arthur Balfour, Joseph Chamberlain and the Unionist Free Traders*, 1972 など。また、自由党→自由統一党→保守党への軌跡を描きつつ、帝国主義成立期の政治史に大きな影響を及ぼしたゴッシェンの評伝、T. J. Spinner, Jr., *G. I. Goschen. The Transformation of a Victorian Liberal* が近刊の予定である。われわれの帝国主義研究は、こうした海外の研究動向を柔軟に吸収してこそ稔りのあるものとなろう。

（一九七六年）

＊筆者は本稿を一九七三年に執筆したが、本書の刊行は大幅に遅延した。

二　「自由貿易帝国主義」の意義と限界

（『社会経済史学の課題と展望』有斐閣、一九八四年）

1

若きケンブリッジの帝国史家ギャラハーとロビンソンが、「自由貿易の帝国主義」と題する共同署名論文を発表したのは一九五三年のことである（J. Gallagher and R.Robinson, 'The Imperialism of Free Trade', *Econ. Hist. Rev.*, 2nd ser., VI, 1953）。両者は、「ヴィクトリア中期」（時期区分それ自体が重大な意味をもつが、さしあたり一八四〇—七〇年とする）を自由貿易と反帝国主義の時代とみなす通説を「神話」にすぎないと批判し、「非公式支配＝帝国」なるキー概念を導入することにより、この時期こそ帝国膨張の「決定的段階」であると主張した。新説は、通説批判の徹底性（とりわけホブソン＝レーニン的帝国主義像の全面否定）、新概念による十九世紀史解釈の斬新さの故に広汎な反響を呼び、ここに三十年に亘る大論争が引き起こされることになった。論争を通じて、ギャラハー＝ロビンソン説は多くの支持を得、「自由貿易帝国主義」論は、いまや現代西ヨーロッパの非マルクス主義的帝国主義理論のなかで、最も有力な地位を築くに至ったと思われる。たとえばモムゼンは、新説が、①ヨーロッパ中心主義的な単一因果関係論的説明からの脱却、②「周辺《ペリフェリー》」への視座の転換により、低開発世界の理解をおしすすめた点で帝国主義理論の革新に果した画期的意義を強調している（W. J. Mommsen, *Imperialismustheorien*, Göttingen, 1977, S. 115–16）。巨視的な観点からみた、現代西ヨーロッパの帝国主義理論におけるギャラハー＝ロビンソン説の位置については、他にドイツの研究者による研究史整理が参考となる（H・-U・ヴェーラー（早島瑛訳）「ドイツ帝国主義、一八七一―一九一八」（『思想』第六三六号、一九七七年）、Th・ニッパーダイ（千代田寛訳）「帝国主義」（『史学研究』第一四六号、一九七九年）、W. Baumgart, *Der Imperialismus*, Wiesbaden, 1975）。

欧米学界のこうした動向は徐々にわが国にも浸透し、当初「帝国主義の巧妙な弁護論」として一蹴された新説の評価は、一九七五年頃を境に一変したといえる（湯浅赳男「『自由貿易帝国主義』と『新従属理論』」『西洋史研究』新輯第八号、一九七九年）。同年、毛利健三は自由貿易帝国主義が「もはやなんらの新奇な響きも伴わず、市民権を獲得したのみでなく、有効な概念としてすでに定着しつつある」と述べている（毛利健三『自由貿易帝国主義』東京大学出版会、一九七八年、「回顧と展望（松浦高嶺稿）」『史学雑誌』第八五編、第五号、一九七六年）。その背景として、帝国主義論の領域における方法論的再検討の気運とならんで、以下の事情が指摘されよう。すなわち、わが国の経済史研究が産業資本確立期の分析をひとまず完了し、これを前提として資本主義世界の全体像把握、端的に「資本主義の世界体制」形成と発展を問題とし始めたこと、その際、ギャラハー＝ロビンソン理論が全体像把握に有益な作業仮説として高く評価されたこと、などである。

　いずれにせよ、アプローチの変化と十九世紀史像の変化は、例示としてはやや適切さを欠くが、遠藤湘吉編『帝国主義論』下(東京大学出版会、一九六五年)と藤瀬浩司『資本主義世界の成立』(ミネルヴァ書房、一九八〇年)を対比すれば一目瞭然である。近年のわが国における問題視角の転回を念頭におき、以下、問題提起と欧米の論争(2)、わが国における新説の受容と論争(3)、論争の現状と展望(4)、この順序で学界動向の簡単な検討を試みることにしたい。

2

　まず最初に、自由貿易帝国主義論の「古典」(モムゼン)とされるギャラハー＝ロビンソンの一九五三年論文について、その帝国主義理解の特徴を要約しておきたい。著者によれば、従来のイギリス帝国史研究は、概して法制上の植民地＝公式帝国の増減を基準として、ヴィクトリア中期を自由貿易と反帝国主義の時代と捉えてきた。

　しかるに歴史的事実は、非公式帝国創出なる形態で帝国膨張が一貫して存在することを示すばかりでなく、そうした膨張の基本性格は、一八八〇年以降のいわゆる「新帝国主義」にも継承されるのである。十九世紀を貫く帝国膨張の総体性と連続性を論証すること、これが著者の課題であった。その論理は以下のごとくである。

第一に、イギリス工業化と「膨張経済」（＝「中枢経済」metropolitan economy）の成立が、グローバルな帝国拡大の大前提をなす。第二に、膨張経済は自己の必要に適合する形態で海外諸地域を「補完的衛星経済」として包摂する。ここには、間接的包摂形態としての「戦略的統合」を含む。以上を前提として、第三に帝国主義は「膨張経済に統合する過程で必要とされる政治的機能」と定義される。肝要の点は、帝国主義的政治権力の発動が、経済的・戦略的統合の十分な条件が確保されなかった地域にのみ行なわれたことである（周辺世界における政治・社会組織の脆弱性）。かくて第四に、帝国主義は従属地域の一部では、公然たる政治的領有を帰結すると同時に、一部では非公式支配の形態をとり、その中間に多様な政治支配を含むものとなる。十九世紀自由貿易帝国主義の際立った特徴は、可能な限り公式支配を回避し、非公式支配を選好した点にあった。以上の把握を踏まえ、ギャラハー＝ロビンソンはヴィクトリア中期こそ、ラテン・アメリカ、アジア、中近東諸地域における非公式支配の確立期であり、逆に新帝国主義下の公式支配の外延的拡大は、すでに主要地域が従属経済に編入されたのちの、マージナルな領域の争いにすぎないと結論している。付言すれば、著者は、①ヴィクトリア中・後期に亘る自由貿易政策の継続、②両期に亘る海外投資の存在、③全期間を通じて、政治指導者層による非公式支配の選好、こうした「連続性」の契機を指摘し、段階としての帝国主義を否定した（以上は、ギャラハー＝ロビンソンの前掲論文による）。

一九五三年論文以降、著者（特に、ロビンソン）の主張は次第にヨーロッパ中心的観点から離脱し、帝国主義を専ら非ヨーロッパ世界の「協調と抵抗」の所産とみなす「周辺理論」に傾斜していった。実はこうした理論的達成こそ、欧米において新説の評価を決定的に高からしめた理由である（以下の文献により、その後のギャラハー＝ロビンソン理論の「発展」の跡を辿ることができる。R. Robinson and J. Gallagher, *Africa and Victorians*, London, 1961; do., 'The Partition of Africa', *New Cambridge Modern History*, Cambridge, 1962; R.Robinson, 'Non-European Foundations of Imperialism', R. Owen and B. Sutcliffe (eds.), *Studies in the Theory of Imperialism*, London, 1972. また、W. R. Louis (ed.), *The Robinson and Gallagher Controversy*, New York, 1976 における編者の有益なコメントを参照。また、「周辺理論」とは、D. K. Fieldhouse, *Economics and Empire*, London, 1963 に代表される理論を指し、ネオ・マルクシストの各種の「従属論的アプローチ」とは異なる）。ところで、ギャラハーらの問題提起をめぐる議論は、一九六〇年代に入りにわかに活発化することになる（この時期に、欧米でギャラハー＝ロビンソン・テーゼの妥当性を検証するために、陸続と事例研究が上梓された。A. G. L. Shaw (ed.), *Great Britain and the Colonies*, London, 1970; C. C. Eldridge, *England's Mission*, London, 1973. これらの研究の一端は、三上敦史「『自由貿易帝国主義論』について」『経済学（阪大）』第二三巻、第一号、一九七三年、矢口孝次郎「『自由貿易帝国主義』論」矢口編『イギリス帝国経済史の研究』東洋経済新報社、一九七四年に紹介されている）。

しかし、ここでは膨大な論争史に立ち入る紙幅がない。さしあたり新説批判の一典型としてプラットの見解を一瞥することにしたい。プラットは、一九六八年以来、ギャラハー＝ロビンソン批判の論稿を多数公表しているが、一九七三年、それまでの批判を総括し自らの全体像把握のデッサンを提示した(プラットの新説批判については、以下を参照。D. C. M.Platt, *Finance, Trade and Politics in British Foreign Policy*, Oxford, 1968; do., 'The Imperialism of Free Trade: Some Reservations', *Econ. Hist. Rev.*, 2nd ser., XXI, 1968; do., 'Economic Factors in British Policy during the "New Imperialism"', *Past and Present*, no. 39, 1968; do., 'Further Objection to an "Imperialism of Free Trade"', *Econ. Hist. Rev.*, 2nd ser., XXVI, 1973; do., 'British Portfolio Investment Overseas before 1870: Some Doubts', *Econ. Hist. Rev.*, 2nd ser., XXXIII, 1980)。

第一に、プラットは十九世紀海外膨張とその形態変化を、イギリス「国民経済」とその構造変化との関連で捉える。ギャラハー＝ロビンソンの場合にも、「中枢」の存在が周辺諸地域を統合する大前提とされているが、それは単に常数として前提されているにすぎない。また統合の経済的内容は、貿易と投資一般である。中枢と低開発経済の関係は、前者の経済成長に対応して段階的に変化する。十九世紀初頭の「重商主義」的帝国膨張の段階を経て、イギリス経済は世紀前半に著しい成長を遂げるが、それは「国内市場と国内投資」の連鎖的拡大を基盤とする内部成長型を特徴とする。対外的には、貿易・投資のいずれについても「伝統的(＝欧米)市場」及び「国内市場」で自足していた。換言すれば、イギリスは非公式帝国形成の経済的起動力に欠けており、このような事態に高度の「保護主義」が対応するのである。

第二に、一八五〇年を境にこうした関係に注目すべき変化が生じた。その変化とは、「閉鎖的帝国経済」の範囲を越える非ヨーロッパ世界への補完関係の拡大→低開発経済の従属経済への転落→非公式帝国の構築である。プラットは、非公式帝国発展の諸条件として、①再生産構造の変化(過剰商品・過剰資本の輸出市場の必要性と第一次産品需要の拡大、及び両者の相互連関)、②貿易=関税政策の転換(自由貿易=自由輸入体制による中継貿易国家としての発展)、③世界市場競争の激化(欧米諸国の工業化と伝統的市場の閉鎖)、以上の三点を指摘した。最後に、プラットは以上の諸関係の発展の帰結として、「自由貿易帝国主義」の成立を主張し、それは新帝国主義の下で完成するのである(以上、D. C. M.Platt, 'The National Economy and British Imperial Expansion before 1914', *Journal of Imperial and Commonwealth History*, II, 1973による)。

プラットの所説は、例えば公式・非公式帝国の概念構成について、また、非公式帝国成立の画期について疑問の余地を残す。しかし、肝要の点は、「帝国膨張への経済的動機を最も欠く時期」に、誤って補完的衛星経済=非公式帝国を措定したことであり、この意味でプラット説は新説の「保留」(矢口孝次郎)や「補充」(ニッパーダイ)ではなく、根本的対立を含む主張と考えられる。付言すれば、プラットの提示した全体像把握は、資本主義的世界市場の構造転換を解明したソウルの周知の研究に多くの点で整合することを指摘しておきたい（S・B・ソウル（久保田英夫訳）『イギリス海外貿易の研究』文眞堂、一九八〇年）。

3

以上、欧米における自由貿易帝国主義論争を、ギャラハー＝ロビンソンの問題提起とプラットの反論に限定して簡単に紹介してきたが、わが国の学界がこの論争に注目するのは一九六五年以降である。また新概念を独自の観点から再構成し、その画期的意義を強調したのは毛利健三『自由貿易帝国主義』（東京大学出版会、一九七八年）である。そこで以下、一九七〇年代半ばまでの新説の受容状況と毛利の著作を起点とする論争、この二点についてわが国の論争を顧みることにしたい。

わが国でいち早くギャラハー＝ロビンソン論文に注目し、その好意的紹介を試みたのは小松芳喬である。次いで宮崎犀一は、この国の経済学研究（具体的には、宇野学派的な帝国主義「段階」論と「国際的要因の捨象」を体質とする大塚史学を標的としている）批判の観点から、新説のヴィクトリア中期への「帝国主義」概念の拡大を支持した。但し、宮崎も議論のいま一つの支柱をなす新帝国主義否定については、「continuity が novelty との断絶のまま いたずらに強調されている」と指摘している（小松芳喬「イギリス帝国主義」『歴史教育』第三巻、第一号、一九五五年、宮崎犀一「十九世紀英国資本輸出一」『政経論叢』第七巻、第五号、同「自由貿易帝国主義」『思想』第五一五号、一九六七年）。

一九六〇年代初頭、ランデス、マクドナー、ムーアらが参加して始まった欧米の論争は、この主題に対するわが国の関心を一挙に高めたといえよう。一九六〇年代後半にギャラハー＝ロビンソン説に論及した山田秀雄、佐藤明、西山一郎、山下浩らの業績のなかで、山田による一連の紹介・批判が興味深い（山田秀雄「イギリスにおける帝国主義論の生成」、内田義彦・他編『経済学史講座』第三巻、有斐閣、一九六五年、同「十九世紀中葉のイギリスにおける『反植民地主義』について」『経済学研究』第一八巻、第二号、一九六七年、佐藤明「ヴィクトリア中期の自由貿易運動」堀江保蔵編『海事経済史研究』海文堂、一九六七年、西山一郎「イギリス十九世紀中葉における植民地政策の二側面」『経済論叢（香川大学）』第四〇巻、第五号、一九六七年、山下浩「自由貿易帝国の植民地主義」『広島大学文学部紀要』第二八巻、第二号、一九七二年）。山田は、帝国主義概念のヴィクトリア中期への適用を「妥当な着眼」とした上で、①新説には、旧重商業主義的帝国主義から資本主義的帝国主義への段階転換という枢要の論点が欠落していること、②イギリス帝国主義の一義的連続性の主張が、新帝国主義の歴史的性格を抹殺するものであることを挙げ、これを批判している。後者の論拠として、山田は新帝国主義論の背後に、①属領インドからの貢納を支柱とする多角的貿易＝決済構造が成立したこと、②シティ金融資本と植民地利害の間に、この「段階」固有の結合関係が発生していること、を挙げている。自由貿易帝国主義をめぐる議論は、一九七〇年代前半に再び活況を呈するが、これがプラットの新説批判を契機とするものであることは贅言を要しない。三上敦史、矢口孝次郎、村岡健次らによる論争史整理は、いずれもギャラハーとプラットの論点比較を主内容としている(村岡健次「十九世紀イギリスの歴史像」『イギリス史研究』第九号、一九七一年。なお、吉岡昭彦「イギリス近代史研究の方法的再検討」柴田三千雄・他編『近代イギリス史の再検討』御茶の水書房、一九七二年を参照)。但し、この時期までの議論は概してギャラハー＝ロビンソンの問題提起に即して、新テーゼの是非を論じたに止まる点に留意しておきたい。

新説の単なる紹介の域を越えて、「自由貿易帝国主義」を十九世紀の世界史像把握の方法論的軸心に据えたのが毛利健三である。同時に、毛利の著作は吉岡昭彦の反論を招き、諸他の論評とも相俟ってここに日本版の論争が展開されることになった。毛利は、イギリス資本主義の確立・発展を「世界経済的局面」(「蓄積基盤の世界化」)において捉え、辺境世界の植民地化＝従属的発展という視角から、まず新概念の有効性を積極的に承認する。その結果、プラットに対し厳しい評価が下されることになった。次いでこの関係を後進資本主義と低開発世界について検証しつつ、自由貿易帝国主義が古典的帝国主義にも貫徹すると結論している。

問題は、毛利の理解する「自由貿易帝国主義」概念であろう。それは、「不均等発展の同時存在」(大塚久雄)と「低開発の発展」(フランク)の観点を強く意識した上で、以下のように把握するのである。第一に、「自由貿易」と「帝国主義」は、重層的＝構造的関連をもつ(別言すれば、毛利の場合、補完的衛星関係の成立それ自体が「自由貿易＝帝国主義」なのである)。第二に、自由貿易帝国主義は、イギリス資本主義の内的編成と世界資本主義の展開に媒介されて、段階的に変化するものとみなされている。すでに指摘したように、新説の特徴は、何よりも周辺性と連続性の主張に見いだされ、例えば森田桐郎はそうした文脈で帝国主義理論史におけるギャラハー＝ロビンソン説の革新的意義を評価したが、毛利の場合は理論的把握と歴史分析の整合性が十分明確ではないように思われる（毛利健三「確立期イギリス資本主義の基礎視点」『西洋史研究』新輯、第二号、一九七三年、同「『自由貿易帝国主義』について」『経済学論集』第四五巻、第四号、一九八〇年、森田桐郎「書評・毛利健三『自由貿易帝国主義』」『経済学研究』第三一巻、第二号、同「資本主義社会の成立・展開と非資本主義世界」森田桐郎編『世界経済を学ぶ』有斐閣、一九八〇年）。

他方、吉岡は新説の有効性を全面的に否定したが、その主張は以下のごとく要約されよう。第一に、「語の真の意味における」資本主義的世界市場形成の契機は、イギリス資本主義の確立過程に見いだされ、従って世界市場支配の形態・構造とその諸段階は、再生産構造そのものに即して解明されなければならない。第二に、「補完的」世界市場関連それ自体はいわば通時的に存在する関係にすぎず、決定的に重要な点は中枢の「蓄積様式」と「膨張」の間に検出される支配＝従属関係の具体的内容（剰余価値収奪の国際的メカニズム）である。第三に、こうした観点から自由貿易帝国主義の核心的論点たるヴィクトリア中・後期の連続説を批判し、イギリス資本主義の内的編成の変化が、支配＝収奪関係の質的変化（――周辺世界に対する帝国主義段階固有の金融的支配＝収奪関係の成立）を帰結したと結論している。同時にこうした諸関係の基底に、「多角的貿易＝決済構造の発展とこれに媒介された資本主義的世界体制の再編成↓「帝国主義的世界体制」の確立を見いだしている。以上の理解が、神武庸四郎のギャラハー＝ロビンソン批判の視点、藤瀬浩司の資本主義的世界体制論の段階把握の観点と基本的に一致するように思う（吉岡昭彦「書評（毛利健三『自由貿易帝国主義』）」『経済学論集』第四五巻、第二号、一九七九年、同「資本主義的世界体制成立史の諸問題」『歴史学研究』第四九二号、一九八一年、同「帝国主義の内政と外交」『土地制度史学』第九五号、一九八二年、神武庸四郎「十九世紀後半のイギリス資本主義と『自由貿易帝国主義』論」『歴史評論』第三〇六号、一九七五年）。

　現在、わが国では「連続説」の射程を一層拡大して、十六世紀以降、現代に至る資本主義世界の展開を「世界システム」として捉える傾向が有力になりつつある（とりあえず、角山栄「近代化と工業化の起源」角山・川北稔編『講座西洋経済史』第一巻、同文舘、一九七九年。但し、十七世紀以降のイギリス資本主義発展の全過程を「オープン・システム」（世界市場的条件）の下で把握すべきであるという視角は、すでに宮崎犀一によって示唆されていた。また、「近代の世界体制《モダン・ワールド・システム》」の方法的意義を指摘した遅塚忠躬「フランス革命の歴史的地位」『史学雑誌』第九一編、第六号、一九八二年は注目に値する）。しかし、十九世紀世界の構造と動態が解明されるにつれて、何らかの修正と限定が加えられない限り、「自由貿易帝国主義」概念の空洞化は避けられないのではあるまいか。

4

最後に、論争の現状と展望について簡単に触れておきたい。第一に、ギャラハー＝ロビンソン論争の帰結が「周辺における膨張の諸結果」に注目する余り、中枢《センター》経済と膨張の相互連関を過小評価ないし誤解せしめる現状を反省し、「膨張の根本原因」としてのセンターの分析を柱に、海外膨張を再検討すべきであるとの提言がなされている。すなわち、ケインとホプキンズは、「周辺理論」的アプローチを「中枢を欠く周辺は不完全である」と批判し(同時に「世界システム」論のステロ化も批判されている)、中枢＝イギリス資本主義の危機と帝国膨張の諸形態・諸段階の相互連関を追究した、まことに示唆的なモデルを提示している。両者の研究史整理は、とりわけ新帝国主義の歴史的性格の理解に大きく寄与するであろう(P. J. Cain, *Economic Foundation of British Overseas Expansion, 1815–1914*, London, 1980; P. J. Cain and A. G. Hopkins, 'The Political Economy of British Overseas Expansion, 1750–1914', *Econ. Hist. Rev.*, 2nd ser., XXXIII, 1980)。

第二に、ギャラハー＝ロビンソンの結論的主張は、いうまでもなく連続説であるが、両者はその論拠を公式・非公式という選択可能な二つの帝国支配の一貫性に求めた。そこでは、二つの帝国が当然に経済的内容において等質で互換的なものと想定されている。他方、プラットはヴィクトリア中期に関し、貿易・投資両面における公式帝国選好を強調し、互換性を否定した。但し、プラットの場合、非公式帝国そのものが存在しないのであるから、厳密にはこのような議論それ自体が成り立たない。プラットの帝国概念の問題点を含め、そもそも植民地・属領及び非公式支配下にある第三国市場の独自な経済的意義と、その相互関連が立ち入って検討されるべきではあるまいか。さしあたり、このような論点を追究しているかにみえる平田雅博の近業に注目しておきたい(平田雅博「『植民地』と『属領』」『歴史学研究』第四九八号、一九八一年、同「十九世紀イギリス非公式帝国論」『西洋史学』第一二五号、一九八二年)。

第三に、筆者はいわゆる古典的帝国主義の解明に関しては、多角的貿易＝決済機構の解明が決定的に重要であることを別の機会に指摘した。私見では、イギリス資本主義の特殊構成と世界市場の再編成、こうした構造的要因に立脚して推進される帝国主義政策によって、初めてギャラハー＝ロビンソンの把握に最も近似した自由貿易帝国主義が出現したと考えられる(拙稿「イギリス帝国主義に関する最近の研究動向」『社会経済史学の課題と展望』有斐閣、一九七六年、本書V－一)。プラットは、ギャラハー＝ロビンソン説をこのように「限定」することによって自由貿易帝国主義＝新帝国主義の段階的特殊性を浮き彫りしたが、ヴィクトリア後期の研究が深化すればするほどプラットの立場の妥当性が再確認されるのではあるまいか。

（一九八三年）

三　毛利健三『自由貿易帝国主義』（東京大学出版会、一九七七年）

1

「自由貿易帝国主義」論争とは、J・ギャラハーとR・ロビンソンの両氏による問題提起的論文「自由貿易の帝国主義」（'Imperialism of Free Trade', *Econ. Hist. Rev.*, 2nd ser., VI, 1953）に端を発し、主として英米学界で論ぜられてきたテーマである。しかし近年、論争の裾野は次第に拡大し、例えばドイツのW・J・モムゼン、H・-U・ヴェーラー、フランスのF・クルーゼなどが参加することによって一大国際論争の様相を呈するに至った。こうした背景の下で、毛利健三氏が大著『自由貿易帝国主義』（東京大学出版会、一九七八年）を上梓された。わが国学界は勿論のこと、右の国際的論争にも一石を投ずるものであり、正当な評価が期待される。

ところで、筆者に与えられた課題は、本書のなかの「歴史分析、それもイギリス史プロパーの領域」に関する論点開示である。本書の特徴は、何より「自由貿易帝国主義」論争とそれに連なる多様な学説の整理・紹介・批判と総括にある。著者はこれを「自由貿易帝国主義論争および周辺の研究動向との問題交流——継受と批判——の記録」と表現された。率直にいわせて貰えば、著者の関心は何よりも理論＝「歴史的理解の枠組み」の再構成にあるのであって、実証、つまり新たな歴史的ファクトの発見とそれがもつ意味の探求にあるのではない。

以下、筆者は論点開示の焦点を第六章「自由貿易と帝国」に絞りたい。その最大の理由は、筆者の関心がいわゆる帝国主義期にあることは別にして、理論と実証の結合というオーソドックスな歴史学の方法が貫かれているのは、第六章と判断するからである。とはいえ、ここでも著者の関心は、ソウル理論の継受と批判、換言すれば古典的帝国主義を「自由貿易帝国主義」として再構成するための概念装置の鍛造、この点に著しく傾斜しているかに見受けられる。次に、本書の編別構成における本章の位置をみると、第一—五章はイギリス産業資本の確立を前提として、その世界展開が接触地点に及ぼした影響と帰結のなかに、すなわち後進資本主義の発展構造の特質と周辺世界の「低開発」化過程という鏡に投影された、いわば間接的なイギリス資本主義像を問題とされている。つまり資本主義的世界体制のセンターとしての、「当のイギリス資本主義の発展構造」それ自体を問題とされたのは第六章だけである。筆者が論点開示の対象を限定したのはこのような理由による。

ところで、著者によれば本章は一—五章と「対象と視角」を異にするとのことである。すなわち、時期的には大不況期以降、第一次大戦に至る古典的帝国主義期を対象とし、イギリス資本主義の視点から世界を捉えようとする点がそれである。従って本章は、本書の結論であるとともに、本書の全体構想からみると明らかに「補論」である。しかも一層困ったことには、本章は「未完成の中間的サーヴェイ」にすぎないと断っておられる。従って筆者の論点開示は、本書の真価を評価するに適切でないかも知れない。しかし、他方で著者は「自由貿易帝国主義」なる歴史概念が、「イギリス自由貿易主義が世界経済的局面でもつ帝国主義的属性」とともに、「イギリス帝国主義がもつ自由貿易主義的属性」を不可欠の構成要素とすると強調されている。してみると、第六章の検討から、著者の主張される「自由貿易帝国主義」の全体像がより適切に理解されるかも知れない。いずれにしても、筆者の論点開示の範囲はごく限定されたものであることを予めお断りしておきたい。

2

最初に、第六章「自由貿易と帝国」における著者の論点を、必要な限りで簡単に要約しておきたい。本章は、いわゆる「古典的帝国主義」期（一八七〇―一九一四年）の時期を対象とし、当該期を通じてイギリス自由貿易主義が堅持された理由は何か、逆にいえば保護主義的政策（「チェンバレン・キャンペーン」）が挫折したのはなぜか、この点を解明しようとしている。イギリス帝国貿易の構造と動態分析により（著者の表現によれば、「世界経済的観点からその客観的根拠を探索する」）、イギリス帝国主義の歴史的特質を優れて「自由貿易帝国主義」と把握される。その論理は次の通りである。

（一）　著者はまず、帝国主義時代においてイギリスが自由貿易政策を志向した客観的根拠をめぐる諸見解、すなわちS・B・ソウル、E・J・ホブズボウム、M・B・ブラウンなどの学説を批判的に検討し、当該期のイギリス自由貿易政策が「自由貿易帝国主義」と規定しうるとしている。著者は通説的な古典的帝国主義像が、保護主義志向性を共有していると批判し、さらに自由貿易志向性の「消極性」、「積極性」を基準としてブラウン説に全面的賛意を表明されている。ところで、ブラウンの通説批判とは、当該期のイギリス資本主義において、①産業資本家層および海外投資家層は排他的・独占的な帝国支配ではなく、全世界との自由貿易を志向したこと、②当該期の帝国膨張＝支配拡大の意義は、「帝国が世界の力の政治（power politics）において、……イギリスに授与する優越せる戦略的地位」にあったこと、この二点を主内容とする。

（二）　次いで著者は一八五〇―一九一四年のイギリス自由貿易体制の「客観的世界経済過程」を、貿易構造及び資本輸出構造から概括されている。その要点を確認すれば、イギリス自由貿易の歴史的構造は、①一八七〇年を画期として貿易収支の不均衡（入超の常態化）が生じてくること、②これら貿易収支赤字をカバーする黒字項目として、海運収入を中心とする貿易外収支及び海外投資収益が増加し、とりわけ海外投資収益がその支柱をなしてくること、③総じてイギリス資本主義は、一八七〇年を画期として構造的・段階的な変化を遂げ、いわゆる海外投資国家に転成すること、以上の三点に要約される。

（三）　著者はこのようなイギリス経済の対外局面における構造変化を踏まえ、イギリス自由貿易体制の歴史的根拠を「帝国貿易の構造」（及び帝国貿易を包摂する世界経済の構造）のなかに探ることになる。ここで肝要の点は、①帝国貿易が多角的貿易＝決済構造（以下、単に「多角的構造」と表記する）形成の軸心をなしていること、②帝国市場への依存度という視角からみた場合、それは外国貿易と比較して決定的劣位にあり、従って自由貿易主義（政策）路線に対抗した「関税改革帝国主義」路線が「まったく現実的根拠に欠ける」ものであったこと、この二点である。

（四）　最後に著者は、関税改革論争（一九〇二―六年の「チェンバレン・キャンペーン」）におけるシティ金融勢力の自由貿易擁護論に注目し、ここに自由貿易帝国主義の政策主体（真の担い手）を発見された。すなわち、著者は「銀行家協会」のF・シュスターの現状認識を詳細に検討され、ここから、①海外投資国家への転化に対応する金融利害の産業利害に対する優位、これを前提にシティ利害がイギリス帝国主義の利害を総括的に代弁していること、②端的に「シティ帝国主義」こそがイギリス自由貿易体制＝自由貿易帝国主義の客観的構造であり、それ故チェンバレン的帝国主義は「視野狭窄」の帝国主義にすぎず、挫折せざるをえなかった、と結論された。

3

以上、ごく簡単に本章の内容を紹介した。著者も同意されるように、古典的帝国主義世界の経済構造は、二十世紀初頭に確立した「多角的構造」によって最もよく理解される。ソウルが自由貿易物神崇拝論者かどうかは別として、ソウル・モデルはイギリス帝国主義が植民地支配、とりわけインド支配を軸として成立した植民地型帝国主義であったことを雄弁に物語っている。従って関税改革論争という政策路線の対立・抗争・決着の過程もまた、こうした帝国主義的世界市場の編成と構造に即して理解されなければならない。以下、こうした観点から予め筆者の論点を提示すればこうである。(一)研究史の理解について、(二)多角的構造について、(三)帝国と政策路線について、(四)自由貿易帝国主義と「自由貿易帝国主義」批判について、この四点である。

（一）　研究史の理解について――ソウルとブラウン――

まず、自由貿易帝国主義の経済的基盤をめぐる研究史の理解に関して。すでに要約したように、著者は当該期にイギリスがなぜ自由貿易政策を志向したのか、その客観的根拠を世界経済的観点から問い、とりわけM・ブラウンの学説のなかに、イギリス自由貿易政策の歴史的特質を把握する鍵を発見された。率直にいって、著者の研究史整理は問題を残す。例えばホブズボウムの「退却理論」をみると、その主張の大筋はこうである。すなわち、帝国主義期のイギリスは世界市場競争の激化に促迫されて、帝国市場への依存を強化したこと、同時にイギリス経済は未だなお国際的に優位に立つ「自由貿易」的諸部門、すなわち貿易・海運・金融などへの依存度を深めたこと、この二点である。ところが著者はこの「自由貿易」をいきなり「自由貿易政策」（の性格）と結びつけ、それが「退路」と把握されているから「消極的」であると主張されるのである。イギリス資本主義がランティエ化した事実と、その自由貿易政策が積極的か消極的かは別のことではあるまいか。

しかし、このような些末な点は別にして、最大の疑問は以下の点である。著者は本章の全体を挙げて、当該期の世界経済の全体像がソウルのいう多角的構造として把握さるべきことを主張されている。同時に他方でブラウンの歴史理解の枠組みこそが、イギリス帝国主義の歴史的特質を把握する鍵であるといわれるのである。ブラウンの主張はどのようなものであろうか。彼は十九世紀末「帝国膨張」を商品輸出や海外投資と結びつけて捉える考え方を否定し、「力の政治」の対抗力として、換言すれば世界戦略の一環として帝国を捉えているのである。ブラウンによれば、ポンドの支配力と相俟ってイギリス資本市場が世界の金融市場として圧倒的優位にあったこの段階では、帝国という限定された領域を特権的・独占的な投資市場(及び輸出市場)として獲得する必要がなかった(M. B. Brown, *After Imperialism*, London, 1963, p. 107)。従って、例えばインド支配の利益は確かに巨大ではあったが、それはイギリスの総体的利益の一部にすぎない。こうして著者は一方では「インド支配を鍵とする多角的構造」を支柱とするイギリス自由貿易体制を強調しつつ、他方では帝国主義的世界市場の立体的・構造的把握を拒否するブラウン説の継承を主張されているのである。ソウルとブラウンの所説は、いかにして整合的に理解できるのであろうか。

（二）　多角的構造について

次に関税改革運動の命運を最終的に決定したとされる、帝国貿易及び帝国貿易をその一環に含む世界経済の問題に移りたい。実際、「帝国貿易対外国貿易」というパターンで相互の比率とその変化を追跡することは、関税改革論争の重要テーマであり、一八七〇年代から数十年に亘り夥しい数の統計資料が産み落とされた。そして外国市場ないし帝国市場への依存度とその変化から、自由貿易ないし保護主義の正しさが主張されたのである。

ところで、著者は帝国貿易の構造分析を通して、イギリス—欧米工業国—イギリス帝国(並びにその他の第一次産品国)の間に形成されてくる(イギリス資本輸出に媒介された、しかしさしあたりは商品貿易に限定された)貿易連関を析出され、ソウルに従ってこれを多角的構造と把握された。すなわち、帝国諸国(及び第一次産品諸国)はこうした世界経済の立体構造に編入されることにより、「植民地型経済構造の生成と発展——『低開発』的発展」を促迫され、それ故「帝国貿易もまた、この多角的機構のなかに位置することによってその真価を発揮する」ことになる、このように理解されている。

問題は、帝国市場(=貿易)についてこのような認識をもちながら、現実の帝国貿易分析から引き出された結論はまことに平凡である。①帝国的アウタルキーは、全く現実的・合理的根拠に欠けること、②帝国特恵は不適切かつ非現実的であること、③従って自由貿易は依然として最善の策であった、これが結論である。帝国貿易は時と場合によって、重要であったりなかったりするのであろうか。ソウル・モデルは、帝国貿易に関し質的に異なる理解を要求しているのではあるまいか。念のため一言すれば、ソウルはこのような帝国市場把握を批判することから『イギリス海外貿易の研究』（一九六〇年）を出発させたのである！　枢要の点は、帝国貿易の「構造」に注目し、帝国と外国、輸出入の双方向から多角的構造に作用しているヴェクトルを正しく把握することにある。

では、多角的構造の確立期とみなされる今世紀初頭の時点で、シティ金融利害を頂点とするイギリス資本主義の中枢部は、いかなる「世界市場認識」をもっていたのであろうか。このように論点を立てる理由はこうである。確かに、ソウル・モデルは帝国主義的世界市場の構造を把握する上で決定的に重要である。しかし、結局のところ彼のモデルも「事後的」な分析にすぎず、関税改革論争、つまり政策路線の選択・決定のプロセスそのものを解明しようとすれば、政策主体の現状認識そのものを問題とせざるをえないからである。著者もまた、最終節においてロンドン金融界のイデオローグ、F・シュスターの主張を取り上げ、その内容を詳細に検討しているからである。彼の発言が、決定的に重要である点に異論はない。とはいえそれはシティの特殊利害（「バンキング・インタレスト」）の主張にすぎず、世界市場の構造的把握が欠落している点が留意さるべきであろう。勿論、シティ金融利害は、世界市場の構造と動態に無関心ではありえなかった。その理由は明白である。イギリス貿易収支の不均衡の拡大（赤字増大）は、貿易外収支（海運）及び海外投資収益によって補塡され、国際収支は黒字であったが、それにもかかわらず工業製品輸出は対外決済の主要な手段であったことによる。R・リー、J・ラボック、H・コックス、L・G・C・マニーなど当時の自由貿易論者の世界市場認識の概要はこうである。

第一。世界市場は、帝国市場対外国市場の関係としてでなく、「保護市場」対「非保護市場」の関係で把握されなければならない。これは、大蔵省、商務院など官庁エコノミストの立場でもあった点が重要である。

第二。「保護市場」は、アメリカ・ドイツを典型とするヨーロッパ工業国、及びカナダ以下の自治植民地(狭義の帝国)から構成されている。これらの市場では、保護政策が自由競争を阻害しているが、イギリスは基本的にその政策に干渉・介入・規制することはできない。一層立ち入っていえば、以下のようになろう。

(α) アメリカ市場——これはイギリスが不可欠とする食糧・原料の輸入市場であり、輸入の安定的確保を至上課題とする。

(β) ドイツを典型とするヨーロッパ工業国市場——これらの諸国からは工業製品輸入が拡大している。但し、これは不可欠ではない故、貿易収支赤字を相殺するため、輸出の拡大を必要とする。その政策手段が「最恵国条約」に他ならない。

(γ) 自治植民地市場——ドイツ等ヨーロッパ工業国以下の成長率であり、放置する。但し、投資市場としての価値を有し、貿易は投資に比例する。

第三。「非保護市場」＝第三国市場。ここにはインド及び属領、中国、アフリカ、並びに「非保護市場」としてのラテン・アメリカ市場が含まれる。これら自由貿易領域とそこにおける「競争的地位の維持」は、対米赤字決済の観点から決定的に重要である。

以上のイギリス貿易構造の在り方が、自由貿易論のイデオローグをして非保護市場（その中心はインド、発展の先端は中国とアフリカ）を決定的に重視させた理由である。しかも彼らは、イギリスがこの第三国市場支配（→「帝国膨張」）に成功しつつあると確信していた。従って問題はインド市場を中心とする "neutral market" にあるのであって、決して帝国市場一般への依存度ではない。インド市場はたとえイギリス貿易総額の五分の一以下であっても、質的にはおよそ異なる意義を担っていたのである。極論すれば、「インド市場支配のために、イギリスは自由貿易を維持しなければならなかった」(L. G. Chiozza-Money, *Money's Fiscal Dictionary*, London, 1910, p. 142) のである。筆者は、こうしたコンテクストにおいてのみ「イギリス自由貿易帝国主義は植民地的帝国主義であった」とする結論に同意する。著者の多角的構造における帝国貿易の位置は、果して妥当であろうか。

（三）　帝国と政策路線について

次に著者の「帝国」と帝国主義政策路線について検討したい。著者は最終節において「チェンバレン的帝国主義」を打倒したのは、シティ金融勢力＝「シティ帝国主義」であり、これこそ視野広角の「真の帝国主義」であったと結論している。ではシティ帝国主義とは何か。それは「世界の金融中心地としてのロンドンの地位確保」、具体的には世界通商における「ロンドン宛ポンド手形」の支配的地位の維持、この一点に帰着しよう。

ところで、著者は関税改革運動によって、「イギリス自由貿易体制は危急存亡の秋に立たされた」と指摘している。チェンバレン・キャンペーンはなぜ体制的危機であり、なぜ長期に亘る政治争点たりえたのであろうか。またシュスター以下、自由貿易論者は何故シティこそは「真の帝国主義」の担い手である、と宣言せざるをえなかったのであろうか。「チェンバレン的帝国主義」とは、常識的には帝国特恵を媒介にして帝国＝自治植民地群を結集・再編し、「有機的統一体」(organic whole) としてのイギリス帝国を再構築しようとする政策志向を指す。関税改革論争＝運動は多様な争点をもつが、帝国政策はその最大の争点であった。その際、インド帝国及びその他の属領・保護領と区別された自治植民地のみが、帝国再編の対象とされた点が重要である。ではチェンバレン的帝国主義は、いかなる意味でシティにとって危機であったのであろうか。

詳細は控えるが、この点も多角的構造、つまり帝国主義的世界市場の在り方に即して理解さるべきであろう。肝要の点は、①多角的構造の軸心をなすインド帝国、そのインド統治体制の危機、すなわちインドの政治的自立の問題を惹起すること、②貿易関係ではなく、海外投資をパイプとして組み立てられている英＝自治植民地関係に対立と分裂を惹起し、総じて「帝国解体」を帰結すること、この二点である。シティは、自らの依って立つ多角的構造そのものが破壊される点に危機を見いだしたのである。シティは、自治植民地に対しては、政治的・経済的支配強化による「統合帝国」(United

Empire）ではなく、海外投資と帝国開発による「自由帝国」（Free State Empire）建設を志向したのである。著者は様々な「帝国主義」を語るに先立って、その帝国概念を明確化すべきであったのではあるまいか。

以上の論点は、われわれの関心をイギリス帝国主義の政策路線の形成過程に引き戻す。著者は、イギリス帝国主義の政策路線について以下のように指摘している。すなわち、G・W・ゴッシェン、T・ブラッシーなど、後のチェンバレン・キャンペーンにおいてシティ金融利害の有力な代弁者になった人々の大不況期における政策的発言に注目を喚起している。ここから、「植民地帝国主義路線」が形成されつつあったこと、しかも「この植民地帝国主義路線とは、より包括的文脈においては自由貿易帝国主義路線にほかならない」と主張されている。しかし、これは奇妙である。「帝国市場のなかにイギリス経済の活路を見いだそうとする」政策志向とは、チェンバレン的帝国主義路線そのものではあるまいか。筆者は、この点もまた多角的構造との関連で整合的に理解すべきであると考えている。以下に私見を簡単に整理しておきたい。

①大不況期。つまり多角的構造の形成過程においては、産業循環の恐慌―不況局面で植民地市場への輸出拡大がみられ、その都度、帝国市場の意義が喧伝された。例えば、他ならぬゴッシェン自身が、一八八五年自由貿易の牙城マンチェスター商業会議所で講演し、輸出市場としての帝国市場の意義を力説するとともに、その再編・強化を主張した。また、かのブラッシーが帝国連合運動の有力なスポ

ンサーであったことは周知であろう。

②多角的構造の確立期とみなされる世紀転換期も、対南ア輸出を中心とする帝国市場への輸出拡大が顕著であった。それにもかかわらず、ゴッシェンやブラッシーは帝国市場を輸出市場と捉える見解を近視眼的と批判し、大不況期の見解を自己批判しつつ多角的構造における帝国の意義を正面から主張するに至るのである（G. J. Goschen, 'Conditions and Prospects of Trade', Address by the Rt. Hon. G. J. Goschen delivered in the Town Hall, Manchester, June 23rd, 1885; do., *Essays and Addresses on Economic Questions, 1865–1892*, with introductory notes, 1905; Lord Brassey, *Sixty Years of Progress and New Fiscal Policy*, London, 1906）。

③他方、関税改革帝国主義の担い手、チェンバレンの政策路線についてはどうか。彼は一九〇三年植民地相辞任の時点まで、「関税同盟」による帝国市場への輸出拡大を志向しているが、同時に、海外投資を媒介とする「帝国開発」を推進しようとした。かの一九〇〇年「植民地公債法」が、チェンバレンの努力に負うものであることが看過されてはなるまい（S. B. Saul, 'The Economic Significance of "Constructive Imperialism"', *Jour. of Econ. Hist.*, XVII, 1957; D. Jessop, 'The Colonial Stock Act of 1900: a Symptom of the New Imperialism?', *Jour. of Imperial and Commonwealth Hist.*, IV, 1976）。

以上の点は、大不況期における政策路線の錯綜・路線の未分化、世紀転換期における、つまり多角的構造の確立に照応する政策路線の確立を示唆するものと解したい。チェンバレンは、まさしく世紀転換期において、帝国開発路線を捨て、これに対抗する帝国統合→「保護と帝国」の路線を選択したのである。

（四）　自由貿易帝国主義と「自由貿易帝国主義」批判について。

最後に、「自由貿易帝国主義」そのものを問題としたい。繰り返しになるが、著者は当該期の世界市場の構造を多角的構造と捉え、この土台の上に「自由貿易帝国主義」が成立するとみている。「この時期の自由貿易帝国主義はいっそう具体的には多角的貿易・決済の枢軸帝国主義という姿態をとった」のである。別の表現によれば、多角的構造はイギリス自由貿易帝国主義の「客観的経済過程」、「本質的構造要因」であった。イギリス資本主義の構造的・段階的変化、その特殊構成と多角的構造の形成、その基底に定置されたインドの支配と収奪、——自由貿易帝国主義は、このような構造的要因を契機として成立したのである。付言すれば、ソウルはこの自由貿易帝国主義が海外投資型・植民地型であったことを、より深く理解する理論を提供する。

「自由貿易帝国主義」をこのように捉えた場合、果してそれはヴィクトリア盛期のいわゆる自由貿易帝国主義と同種のものといえるのであろうか。筆者は、勿論、自由貿易帝国主義が「帝国主義的属性」をもち、後進資本主義の経済発展に特定の歪みを与え、周辺地域の「低開発」化を促進した事実を否定しない。著者は自由貿易帝国主義を二つに区分し（第一類型と第二類型）、両者の相互関連の解明を課題とされた。両者は、類型的差異にもかかわらず同種・同質のものであろうか。然りとすれば、その理由は何であろうか。「イギリス帝国主義は帝国主義的属性をもち、イギリス帝国主義は自由貿易的属性をもつ」、この説明はトートロジーではあるまいか。

以上の点について、筆者は自由貿易帝国主義の問題提起者自身が、その連続説にもかかわらず、注意深く次のように指摘している点に注目したい。すなわち、ギャラハーとロビンソンは、おそらくホブソン的帝国主義論を念頭において、十九世紀末の膨張主義時代における帝国主義の主要課題に触れている。それは、「帝国の外延的拡大」にあったのではなく、「世界経済にすでにリンクされた帝国の内包的収奪強化」にあったのである。著者は、この指摘をどのように理解されるのであろうか。

最後の最後に、著者の「自由貿易帝国主義」批判について一言し、結語としたい。本書は文字通り「批判の書」であって、まことに沢山の批判が登場する。批判は的を射ているであろうか。著者はチェンバレンの帝国主義を「視野狭窄」と批判し、他方ソウルの多角的構造論を「帝国主義擁護のイデオロギー」と批判している。思うに、歴史は時代を越えられない以上、批判もまた歴史的でなければならない。それは当該期における二つの政策路線の対抗の意味を問うことでもある。イギリス自由貿易帝国主義はシティ金融利害に主導され、植民地型帝国主義として確立したが故に、イギリスにおける帝国主義批判は、「イギリス自由貿易帝国主義世界体制がそれなしには存続しえない不可欠の底辺」から提起されるであろう。数多くの難点にもかかわらず、ホブソンの『帝国主義論』が注目されるのは、この書物が「自由貿易帝国主義」批判の書たりえているからではあるまいか。しかし、「自由貿易帝国主義」批判は、一層本格的には多角的構造の結節点をなす、属領インドをめぐって展開されることになろう。筆者は、数多くのインド人エコノミスト、インド国民会議派理論家の屈折した表現のなかに、鋭利な「自由貿易帝国主義」批判を見いだすのである(例えば、D. E. Wacha, *Bird's Eye View of Indian Economic Progress, 1901–1911*, Allahabard, 1911)。イギリス人については、海外投資業界誌『インヴェスターズ・クロニクル』の編集者、自由党左派のウイルソンを挙げておく（A. J. Wilson, *An Empire in Pawn*, London, 1909)。

議論はいくぶん脱線したが、すでに明らかなように二十世紀初頭という自由貿易帝国主義確立の決定的時点において、ユニオニストの多くは、「真の帝国主義者」であることを宣言した。他方、チェンバレンは、まさにこの時点で「真の帝国主義者」であることをやめ、「保護と帝国」の代弁者となったのである。ソウルは、彼の発見した多角的構造のメカニズムに照らして、チェンバレンの政策路線が時代錯誤のアナクロニズムであると批判し、本書の著者は「視野狭窄の帝国主義者」と批判した。

しかし、筆者には、チェンバレンが当時の世界市場の全体像に全く無知であったとは思われない。チェンバレンの政策路線は、客観的には「自由貿易帝国主義」批判の役割を担ったといえよう(チェンバレン提案の動機については、政治危機、財政危機、社会改革など様々な解釈がある)。関税改革派のイデオローグ、エイメリーは、その政策路線が世界経済の現状と矛盾すると批判されたとき、「関税改革はイギリス経済の現状そのものではなく、再建の構想である」と応えたのである。それ故、一九〇六年総選挙における路線の決着以降も、ユニオニストのなかに一定の支持勢力を占め続けたのではなかろうか。筆者は、「自由貿易帝国主義」批判の裾野を広げ、チェンバレン的帝国主義をそうした視点から把握することによって、自由貿易帝国主義の歴史的性格をより深く理解したいのである。

（一九七八年）

後　記

一　掲載誌一覧

Ⅰ　イギリス近代史の航跡

一　『社会経済史学』第四〇巻、第一号、一九七四年
二　『社会経済史学』第三五巻、第四号、一九六九年
三　『歴史と地理』第三一二号、一九八一年
四　『社会経済史学』第五一巻、第二号、一九八五年
五　『土地制度史学』第一三四号、一九九二年

Ⅱ　「最初の工業国家」の経済構造

一　『土地制度史学』第一〇九号、一九八五年
二　『土地制度史学』第一四六号、一九九三年
三　『社会経済史学』第五九巻、一九九三年

Ⅲ　「植民地的帝国主義」の海外支配

一　『史学雑誌』第九九編、第一号、一九九〇年
二　『市場史研究』第一六号、一九九六年
三　『土地制度史学』第一六一号、一九九八年

Ⅳ「ジェントルマン資本主義」論の波紋
一『経営史学』第三一巻、第四号、一九九七年
二『社会経済史学』第六四巻、第五号、一九九九年
三『熊本歴史科学研究会会報』第四七号、一九九五年
四『文学部論叢』第六一号、一九九八年
Ⅴ 学界展望――イギリス近代史研究
一『社会経済史学の課題と展望』(有斐閣)一九七六年
二『社会経済史学の課題と展望』(有斐閣)一九八四年
三『西洋史研究』新輯第八号、一九七九年

なお、本書に収録するに際し、書評掲載各誌の編集委員会、学会理事会等の許可をえた。関係各位の御厚志に御礼申し上げたい。

二 当初、本書に「近代イギリスを見る眼――『ジェントルマン資本主義』論に寄せて」(西洋史研究会学術講演会資料、第五輯、二〇〇〇年)の載録を計画していた。しかし、予定の紙幅を大幅に超えるため、遺憾ながら載録を断念せざるをえなかった。

三 追記。本書にもしばしば登場する米川伸一先生と吉岡昭彦先生が相次いで逝去された。筆者が細々とイギリス近代史の研究を続けて来られたのも、実は、両先生の激励とご教導によるところが大きい。とりわけ吉岡先生からは、学部学生(最初の演習テキストはレーニン『ロシアにおける資本主義の発達』であった)の時代から数

えれば四十年余、西洋史研究のあらゆる側面について貴重なご教示を頂いた。平成十一年五月初旬、米川先生から「京都大学の社会経済史学会で学会出席は最後としたい。是非、京都においで下さい」とのお手紙を頂戴したが、雑事のためお会いする機会を逸した。吉岡先生は、平成十二年九月、仙台市で行われた筆者の講演会(演題は二の通り)にご出席下さり、駅前地下街の小宴でご批評頂いたが、これが最後になろうとは知る由もなかった。残念でならない。両先生の学恩に深く感謝申し上げ、衷心よりご冥福を祈りたい(平成十三年十二月九日)。

著者紹介

桑原莞爾（くわばら・かんじ）

1937年　愛媛県・松山市に生まれる

1960年　東北大学文学部(西洋史学科)卒業

1967年　東北大学大学院文学研究科博士課程(西洋史学専攻)単位取得退学

1967年　熊本大学法文学部講師　以後，助教授を経て，現在　熊本大学文学部教授(専攻　西洋近代史)

著書

『イギリス資本主義と帝国主義世界』(編著)九州大学出版会，1990年

『イギリス関税改革運動の史的分析』九州大学出版会，1999年

現住所　〒862-8006　熊本市龍田6丁目1-24

イギリス近代史点景《きんだいしてんけい》

——一つの書評集——

2002年2月1日　初版発行

著　者　桑　原　莞　爾

発行者　福　留　久　大

発行所　(財) 九州大学出版会

〒812-0053　福岡市東区箱崎7-1-146

九州大学構内

電話　092-641-0515（直通）

振替　01710-6-3677

印刷・製本　研究社印刷(株)

ISBN 4-87378-715-7

桑原莞爾 著

イギリス関税改革運動の史的分析

A五判　四三〇頁　六五〇〇円

二十世紀の初頭、パックス・ブリタニカ体制の中心国イギリスで関税改革運動＝論争が高揚した。イギリス商業界の政策志向を分析しつつ、チェンバレンの帝国構想に接近し、世紀転換期におけるイギリス帝国主義の特質を解明する。

桑原莞爾・井上　巽・伊藤昌太 編

イギリス資本主義と帝国主義世界〔第2版〕

A五判　五一六頁　六五〇〇円

本書は、イギリス資本主義における内政史の展開、世界的ポンド循環におけるイギリス帝国の位置、ヨーロッパ大陸主要国における経済連鎖の構造、この三点から帝国主義世界の全体像に接近した共同研究の成果である。